**Jürg Leimgruber
Urs Prochinig**

Das Rechnungswesen

2

Gut gebrüllt, Löwe

Lösungen

VERLAG:SKV

Dr. Jürg Leimgruber und Dr. Urs Prochinig schlossen ihre Studien an der Universität Zürich mit dem Doktorat ab. Sie verfügen über Abschlüsse als MBA (Master of Business Administration) und MASSHE (Master of Advanced Studies in Secondary and Higher Education). Nebst ihrer wissenschaftlichen Tätigkeit arbeiten sie als Unternehmensberater und als Dozenten in der Erwachsenenbildung. Sie sind Mitglieder verschiedener eidg. Prüfungsgremien.

4. Auflage 2014

ISBN 978-3-286-33234-8

© Verlag SKV AG, Zürich
www.verlagskv.ch

Alle Rechte vorbehalten.
Ohne Genehmigung des Verlages ist es nicht gestattet, das Buch oder Teile daraus in irgendeiner Form zu reproduzieren.

Gestaltung: Peter Heim
Umschlag: Brandl & Schärer AG

Klimaneutral gedruckt auf FSC-Papier.

Das Rechnungswesen 2
Gut gebrüllt, Löwe

Lösungen

Vorwort

Der Lösungsband ist vor allem für den Lehrer verfasst worden. Daneben ist er aber auch nützlich, wenn Theorie und Aufgaben im Selbstunterricht erarbeitet werden.

Er enthält in der Regel nicht nur die Schlussresultate zu den einzelnen Aufgaben, sondern auch Angaben über den Lösungsweg.

Sollten sich trotz grösster Vorsicht bei der Ausarbeitung dieses Lösungsbandes vereinzelte Fehler eingeschlichen haben, wären wir für einen entsprechenden Hinweis dankbar.

Zürich und Rafz, Oktober 2009

Jürg Leimgruber
Urs Prochinig

Vorwort zur 4. Auflage

Auf 1. Januar 2013 trat das **neue Buchführungs- und Rechnungslegungsrecht** (32. Titel des Schweizerischen Obligationenrechts) in Kraft; es muss erstmals für das Geschäftsjahr 2015 angewandt werden.

Im Sommer 2013 wurde ein **neuer Kontenrahmen KMU** veröffentlicht.

Durch die Anpassung einiger Wechselkurse wurde dem stärkeren Schweizer Franken Rechnung getragen.

Deshalb war eine Neuauflage des Lehrbuchs notwendig. Eine gleichzeitige Verwendung mit früheren Auflagen ist nicht möglich.

Da die bisherigen Auflagen bei der Leserschaft eine gute Aufnahme gefunden hatten, nahmen die Autoren so wenige Änderungen wie möglich vor. Die wichtigsten sind:

Kapitel 23 Aktiengesellschaft	Neue Reservengliederung gemäss OR: gesetzliche Kapitalreserve, gesetzliche Gewinnreserve, freiwillige Gewinnreserven. Die Kontennummern wurden an den revidierten Kontenrahmen KMU angepasst. Die beiden Aufgaben zur Mindestgliederung von Bilanz und Erfolgsrechnung wurden weggelassen.
Kapitel 24 GmbH	Neue Reservengliederung wie bei Kapitel 23.
Kapitel 25 Abschreibungen	Für Veräusserungsgewinne ist kein separates Konto mehr vorgeschrieben.
Kapitel 27 Transitorische Konten und Rückstellungen	Teilweise wurden die Begriffe transitorische Aktiven und Passiven durch aktive und passive Rechnungsabgrenzungen ersetzt.
Anhang 2 Kontenrahmen KMU	Neuer Kontenrahmen KMU von Sterchi/Mattle/Helbling.

Wir wünschen weiterhin viel Spass und Erfolg beim Lehren und Lernen.

Forch und Rafz, im Frühling 2014   Die Autoren

Inhaltsverzeichnis

Der Jahresabschluss

20 Einleitung

21 Einzelunternehmung — 9

22 Kollektivgesellschaft — 29

23 Aktiengesellschaft — 37

24 Gesellschaft mit beschränkter Haftung — 57

25 Abschreibungen — 63

26 Debitorenverluste, Delkredere — 90

27 Transitorische Konten (Rechnungsabgrenzung) und Rückstellungen — 100

28 Analyse des Jahresabschlusses — 126

Der Jahresabschluss

21

Einzelunternehmung

21.01

Nr.	Frage	Antwort
1	Wie ist die Firma (Name) für das Atelier von T. Vonesch zu bilden?	Gemäss OR 945 muss die Firma den Familiennamen mit oder ohne Vorname der Inhaberin enthalten. Geschäftsübliche Zusätze wie z.B. T. Vonesch, Nähatelier, sind möglich.
2	Welche minimale Kapitaleinlage muss T. Vonesch leisten?	Gemäss OR gibt es kein Minimalkapital.
3	Welche Bestimmungen bestehen für den Handelsregister-Eintrag?	Einzelunternehmungen ab einem Jahresumsatz von Fr. 100 000.– sind in der Regel im Handelsregister einzutragen.
4	Wie haftet die Inhaberin einer Einzelunternehmung?	Die Geschäftsinhaberin haftet mit dem Geschäfts- und dem ganzen Privatvermögen.
5	Frau Vonesch befürchtet ein buchhalterisches Chaos zwischen privaten Haushaltauslagen und Geschäftseinnahmen und -ausgaben. Mithilfe des Privatkontos kann sie die beiden Bereiche auf einfache Art trennen. Setzen Sie die folgenden Geschäftsfälle im nebenstehenden Privatkonto richtig ein: ▷ Barbezüge ▷ Eigenzins ▷ Warenbezüge ▷ Eigenlohn ▷ Privatrechnungen durch Geschäft bezahlt	**Privatkonto** **Soll** / **Haben** Belastungen für / Gutschriften für Barbezüge / Eigenlohn Warenbezüge / Eigenzins Privatrechnungen
6	Was bedeutet es, wenn das Privatkonto Ende Jahr einen Sollüberschuss aufweist?	Die Belastungen für die Geschäftsinhaberin sind grösser als die Gutschriften.
7	Weshalb wird der Geschäftsinhaberin ein Eigenlohn gutgeschrieben?	Würde anstelle der Geschäftsinhaberin eine Angestellte ihre Arbeit verrichten, müsste ihr auch ein Lohn dafür bezahlt werden.
8	Weshalb wird der Geschäftsinhaberin für das zur Verfügung gestellte Kapital ein Eigenzins gutgeschrieben?	Würde die Geschäftsinhaberin ihr Kapital anderweitig anlegen, bekäme sie entsprechende Erträge in Form von Zinsen oder Dividenden.
9	Das Unternehmereinkommen setzt sich aus Eigenlohn, Eigenzins und Gewinn zusammen. Kann durch die Gutschrift eines hohen Eigenzinses das Unternehmereinkommen erhöht werden?	Wird ein höherer Eigenzins verbucht, steigt der Zinsaufwand, und der Gewinn sinkt. Das Unternehmereinkommen als Summe aus Eigenlohn, Eigenzins und Gewinn bleibt deshalb gleich.

Einzelunternehmung  Lösung 01

Nr.	Frage	Antwort
10	Inwiefern unterscheiden sich die Geschäftsfälle, die über das Privatkonto gebucht werden, von jenen, die über das Eigenkapitalkonto abgerechnet werden?	Im Privatkonto werden die laufenden Bezüge und Gutschriften festgehalten. Das Eigenkapitalkonto zeigt das langfristig zur Verfügung gestellte Kapital.
11	Der Abschluss der Einzelunternehmung erfolgt buchhalterisch in drei Schritten. Wie lauten die Buchungen für diese Schritte? 1. Ausgleich des Privatkontos (Sollüberschuss) 2. Gewinnverbuchung 3. Saldo des Eigenkapitals auf die Bilanz	1. Eigenkapital/Privat 2. Erfolgsrechnung/Eigenkapital 3. Eigenkapital/Bilanz
12	Weshalb erscheint das Eigenkapitalkonto in der Bilanz, das Privatkonto jedoch nicht?	Das Privatkonto wird vor dem Abschluss immer über das Eigenkapitalkonto ausgeglichen (siehe Nr. 11).

Einzelunternehmung 21

21.02

Journal

Nr.	Geschäftsfall	Buchung Soll	Haben	Betrag
1	Die Geschäftsinhaberin bezieht bar Fr. 1000.– für private Zwecke.	Privat	Kasse	1 000.–
2	Das Monatsgehalt von Fr. 3000.– wird Frau Vonesch gutgeschrieben (Eigenlohn).	Lohnaufwand	Privat	3 000.–
3	Die Monatsmiete von Fr. 720.– für das Geschäftslokal wird durch die Bank überwiesen.	Mietaufwand	Bank	720.–
4	Die Krankenkassenprämien von Fr. 670.– für Familie Vonesch werden über das Postkonto des Geschäfts bezahlt.	Privat	Post	670.–
5	Für Inserate in der Lokalzeitung trifft eine Rechnung von Fr. 480.– ein.	Werbeaufwand	Kreditoren	480.–
6	Der Tochter von Frau Vonesch werden für die gelegentliche Mitarbeit Fr. 400.– durch die Bank überwiesen.	Lohnaufwand	Bank	400.–
7	Frau Vonesch erhöht ihre Kapitaleinlage durch eine Bankeinzahlung von Fr. 10000.–.	Bank	Eigenkapital	10 000.–
8	Für das Austragen von Werbeprospekten werden dem Sohn Florian Vonesch bar Fr. 250.– ausbezahlt.	Lohnaufwand	Kasse	250.–
9	Frau Vonesch werden aus dem eigenen Sack bezahlte Repräsentationsspesen im Betrag von Fr. 600.– bar rückvergütet.	Übriger Aufwand	Kasse	600.–
10	Das Eigenkapital von Fr. 40000.– wird mit 7% verzinst (Eigenzins).	Zinsaufwand	Privat	2 800.–
11	Das Privatkonto Vonesch weist einen Habenüberschuss von Fr. 3400.– auf und ist auszugleichen.	Privat	Eigenkapital	3 400.–
12	Die totalen Aufwände betragen Fr. 37500.–, die Erträge Fr. 42000.–. Der Erfolg ist über das Eigenkapital zu buchen.	Erfolgsrechnung	Eigenkapital	4 500.–

Einzelunternehmung

21.03

a)

Vorgänge	Buchung	Konten			
		Eigenkapital		**Privat**	
Eröffnung	Bilanz/Eigenkapital		100 000		
Gutschrift des Eigenlohns	Lohnaufwand/Privat				48 000
Privatbezüge von Waren	Privat/Warenaufwand			2 000	
Barbezüge von R. Pfeiffer	Privat/Kasse			55 000	
Eigenzins 5% vom Eigenkapital	Zinsaufwand/Privat				5 000
1. Schritt Privatkontoausgleich über das Eigenkapital	Eigenkapital/Privat	4 000			4 000
				57 000	57 000
				Erfolgsrechnung	
Total Jahresaufwand	Diverse			73 000	
Total Jahresertrag	Diverse				85 000
2. Schritt Erfolgsverrechnung mit dem Eigenkapital	Erfolgsrechnung/Eigenkapital		12 000	12 000	
				85 000	85 000
				Schlussbilanz	
Total Aktiven	Diverse			408 000	
Total Fremdkapital	Diverse				300 000
3. Schritt Eigenkapitalübertrag auf die Schlussbilanz	Eigenkapital/Schlussbilanz	108 000			108 000
		112 000	112 000	408 000	408 000

b) Das Unternehmereinkommen errechnet sich wie folgt:

Eigenlohn	Fr. 48 000.–
Eigenzins	Fr. 5 000.–
Reingewinn	Fr. 12 000.–
	Fr. 65 000.–

Einzelunternehmung 21

21.04

a)

	Buchung		Betrag
	Soll	Haben	
Überschreibung Wertpapiere	Wertschriften	Eigenkapital	100
Überschreibung Immobilien	Immobilien	Eigenkapital	800
Überschreibung Hypothek	Eigenkapital	Hypothek	480

b)

Geschäft

Bilanz vom 1. 1. 20_3

Liquide Mittel	20	Kreditoren	20
Wertschriften	100	Bankschuld	30
Debitoren	75	Darlehen	50
Mobilien	65	Hypotheken	480
Fahrzeug	40	Eigenkapital	520
Immobilien	800		
	1 100		1 100

Privat

Bilanz vom 1. 1. 20_3

Liquide Mittel	10	Kreditoren	20
Vorräte	2		
Autos	30	Reinvermögen	80
Übriges AV	58		
	100		100

c)

	Vor Überführung	Nach Überführung
Eigenkapital Geschäft	100	520
Reinvermögen privat	500	80
Gesamtvermögen	600	600

Einzelunternehmung 21

21.05

Nr.	Eigenkapital vor Abschluss-buchungen	Privatkonto		Erfolg (Gewinn+/ Verlust –)	Eigenkapital nach Abschluss-buchungen
		Sollüberschuss	Habenüberschuss		
1	100		8	+ 15	123
2	90	15		+ 26	101
3	60	7		– 10	43
4	150		27	– 13	164
5	80	12		+ 20	88
6	120	28		+ 18	110
7	200		20	– 14	206
8	108	33		+ 25	100
9	110		55	+ 24	189
10	320	10		– 38	272
11	560		76	+ 64	700
12	440	11		+ 51	480

Einzelunternehmung

21.06

Eigenkapital

Soll	Haben
Verlust aus Erfolgsrechnung	Anfangsbestand
Schlussbestand	Kapitalerhöhung
	Ausgleich Privatkonto

Privat

Soll	Haben
Barbezüge	Eigenlohn
Zahlung von Privatrechnungen	
Privater Warenbezug	Eigenzins
Ausgleich Privatkonto	

Einzelunternehmung

21.07

Nr.	Frage	Antwort
1	Wie lautet die Buchung mit Betrag für den Ausgleich des Privatkontos?	Eigenkapital/Privat 3000.–
2	Mit welchem Eigenkapital hat Louis Lang das Jahr begonnen, wenn am Jahresende 20_1 das Eigenkapital mit Fr. 127000.– in der Schlussbilanz erscheint?	127000 – 40000 + 3000 = 90000.–
3	Wie gross waren die totalen Bezüge von Louis Lang, wenn der Anfangsbestand des Eigenkapitals zu 5% verzinst wurde und seine Lohngutschriften Fr. 72000.– ausmachten?	72000 + 4500 + 3000 = 79500.–
4	Wie würde sich der Gewinn verändern, wenn Louis Lang sein Eigenkapital mit 8% verzinste?	Der Gewinn würde um 2700.– auf 37300.– geschmälert.
5	Welchen Einfluss hätte die höhere Eigenkapitalverzinsung auf das Unternehmereinkommen?	Der Gewinn sinkt um die Eigenzinserhöhung. Das Unternehmereinkommen aus Lohnbezügen, Eigenzins und Gewinn bliebe unverändert.
6	Wie hätte sich das Unternehmereinkommen verändert, wenn L. Lang am 30. Juni eine Kapitalerhöhung von Fr. 20000.– gemacht und diese ebenfalls zu 5% verzinst hätte?	Der Zins wäre um 500.– gestiegen, der Gewinn um 500.– gesunken. Das Unternehmereinkommen bliebe unverändert.
7	Wie hätte sich das Unternehmereinkommen verändert, wenn L. Lang am 30. Juni statt eine Kapitalerhöhung durchzuführen ein Darlehen von Fr. 20000.– zu 6% aufgenommen hätte?	Das Unternehmereinkommen wäre um die bezahlten Darlehenszinsen von 600.– gesunken.

Einzelunternehmung

21.08

Nr.	Geschäftsfall	Buchungssatz		Betrag	Eigenkapital		Privatkonto	
		Soll	Haben		Soll	Haben	Soll	Haben
1	Übertrag	kein	kein			100 000	65 000	80 000
2	Barkauf von Dieseltreibstoff	Fahrzeugaufwand	Kasse	2 000.–				
3	Privatbezug ab Bankkonto des Geschäfts	Privat	Bank	1 000.–			1 000	
4	Fahrschüler bezahlen ihre Fahrstunden bar	Kasse	Fahrschulertrag	4 000.–				
5	Postzahlung für Traktorreparaturen	Fahrzeugaufwand	Post	3 000.–				
6	Bankzahlung einer Privatrechnung	Privat	Bank	800.–			800	
7	Der alte Traktor wird gegen einen neuen eingetauscht. Der Aufpreis wird vorläufig geschuldet.	Fahrzeuge	Kreditoren	20 000.–				
8	Zahlung der Steuerschulden von T. Leu durch Post	Privat	Post	4 000.–			4 000	
9	T. Leu erhöht seine Kapitaleinlage durch Banküberweisung	Bank	Eigenkapital	10 000.–		10 000		
10	Fahrschüler bezahlen ihre Fahrstunden aufs Postkonto	Post	Fahrschulertrag	2 200.–				
11	Bankzahlung an Traktorlieferant unter Abzug von 2% Skonto	Kreditoren	Fahrzeuge	400.–				
		Kreditoren	Bank	19 600.–				
12	Der Traktor wird abgeschrieben.	Abschreibungen	Fahrzeuge	12 000.–				
13	Gutschrift Eigenzins 6%	Zinsaufwand	Privat	6 100.–				6 100
14	Ausgleich des Privatkontos	Privat	Eigenkapital	15 300.–		15 300	15 300	
15	Gewinnverbuchung	Erfolgsrechnung	Eigenkapital	5 000.–		5 000		
16	Saldoübertrag auf Schlussbilanz	Eigenkapital	Schlussbilanz	130 300	130 300			
					130 300	130 300	86 100	86 100

Einzelunternehmung 21

21.09

① 6% von 10 000 für 2 Monate = 600 : 12 • 2 = 100

② Die Erfolgsrechnung für die Ermittlung des Verlustes lautet:

Erfolgsrechnung

Aufwand		Ertrag	
Lohnaufwand	14 000	Unterrichtsertrag	16 565
Unterhalt und Reparaturen	90	**Verlust**	**700**
Versicherungsaufwand	440		
Werbeaufwand	835		
Übriger Betriebsaufwand	1 300		
Zinsaufwand	100		
Abschreibungen	500		
	17 265		17 265

Journal

Datum	Geschäftsfall
1. 11.	Kapitaleinlage auf die Graubündner Kantonalbank
1. 11.	Ski, Snowboard- und Schuhkauf (Schneeausrüstung). Zahlung mit EC-Karte über das Bankkonto
4. 11.	Bareinnahmen aus Abonnementverkauf für Ski- und Snowboardunterricht
11. 11.	Barbezug von Reto Casutt für Spesen
18. 11.	Rechnung der Werbeagentur für Prospektmaterial und Inserate
19. 11.	Einzahlung von Kasse auf Bank
20. 11.	Lohnzahlung durch die Bank für Annina Casutt
22. 11.	Für Reto Casutt werden Privatrechnungen durch die Bank bezahlt
24. 11.	Zahlung der Rechnung vom 18. 11. durch Banküberweisung
25. 11.	Lohngutschrift für Reto Casutt
29. 11.	Barbezug von Reto Casutt
30. 11.	Rechnung Meini Sport für textile Schneeausrüstung
1. 12.	Bankeinzahlung für verkaufte Unterrichtsabonnements
3. 12.	Barentschädigung von Spesen an ▷ Reto Casutt ▷ Annina Casutt
10. 12.	Kleiner Service für Skis und Snowboard bar bezahlt
11. 12.	Rechnung für Versicherungsprämien
13. 12.	Bankbelastung für private Arztrechnung von Reto Casutt
15. 12.	Bareinnahmen aus Unterrichtstätigkeit
20. 12.	Lohnauszahlung durch die Bank für Annina Casutt
22. 12.	Lohngutschrift für Reto Casutt
23. 12.	Zahlung an Kreditoren durch Banküberweisung
28. 12.	Barbezug von Reto Casutt
31. 12.	Eigenzins 6% auf Kapitaleinlage
31. 12.	Abschreibung auf Schneeausrüstung
31. 12.	Ausgleich Privatkonto
31. 12.	Erfolgsverrechnung (Verlust)
31. 12.	Saldo auf Schlussbilanz
	Total

Einzelunternehmung 21 — Lösung 09

...ungssatz	Betrag	Eigenkapital		Privatkonto	
...k/Eigenkapital	10 000.–		10 000		
...neeausrüstung/Bank	2 560.–				
...se/Unterrichtsertrag	8 555.–				
...iger Betriebsaufwand/Kasse	400.–				
...rbeaufwand/Kreditoren	835.–				
...k/Kasse	2 000.–				
...naufwand/Bank	3 000.–				
...at/Bank	1 720.–			1 720	
...ditoren/Bank	835.–				
...naufwand/Privat	4 000.–				4 000
...at/Kasse	3 000.–			3 000	
...neeausrüstung/Kreditoren	2 440.–				
...k/Unterrichtsertrag	5 870.–				
...iger Betriebsaufwand/Kasse	500.– 400.–				
...terhalt und Reparaturen/Kasse	90.–				
...sicherungsaufwand/Kreditoren	440.–				
...at/Bank	365.–			365	
...sse/Unterrichtsertrag	2 140.–				
...naufwand/Bank	3 000.–				
...naufwand/Privat	4 000.–				4 000
...editoren/Bank	2 880.–				
...at/Kasse	2 500.–			2 500	
...saufwand/Privat	①100.–				100
...schreibungen/Schneeausrüstung	500.–				
...ivat/Eigenkapital	515.–		515	515	
...genkapital/Erfolgsrechnung	②700.–	700			
...genkapital/Bilanz	9 815.–	9 815			
		10 515	10 515	8 100	8 100

Einzelunternehmung 21

21.10

Eröffnungsbilanz per 1. 1. 20_3

Aktiven				Passiven		
Umlaufvermögen				**Fremdkapital**		
Bank	6			Kreditoren	4	
Debitoren	12	18		Bankdarlehen	20	24
Anlagevermögen				**Eigenkapital**		
Büroeinrichtung	8			Eigenkapital		
Fahrzeug	48	56				50
		74				74

Journal 20_3

Nr.	Geschäftsfall	Buchungssatz		Betrag
		Soll	Haben	
1	An Kunden versandte Rechnungen für ausgeführte Zügeldienste	Debitoren	Transportertrag	230
2	Bankzahlungen von Kunden	Bank	Debitoren	210
3	Private Barbezüge des Geschäftsinhabers am Bancomaten	Privat	Bank	18
4	Lohnüberweisungen an einen Angestellten	Personalaufwand	Bank	50
5	Kauf eines neuen PCs fürs Büro gegen Rechnung	Büroeinrichtung	Kreditoren	3
6	Privatrechnungen über das Bankkonto des Geschäfts bezahlt	Privat	Bank	14
7	Rechnungen für übrigen Aufwand	Übriger Aufwand	Kreditoren	106
8	Bankzahlungen an Kreditoren	Kreditoren	Bank	110
9	Bankbelastung für Darlehenszinsen (Zinstermin 31. 12., Zinsfuss 5% p.a.)	Zinsaufwand	Bank	1
10	Teilrückzahlung Bankdarlehen	Bankdarlehen	Bank	15
11	Abschreibung Büroeinrichtung	Abschreibungen	Büroeinrichtungen	2
12	Abschreibung Fahrzeug	Abschreibungen	Fahrzeug	8
13	Gutschrift Eigenlohn	Personalaufwand	Privat	70
14	Gutschrift Eigenzins 4% auf Anfangskapital	Zinsaufwand	Privat	2
15	Saldierung Privatkonto	Privat	Eigenkapital	40
16	Verbuchung des Jahresverlusts	Eigenkapital	Erfolgsrechnung	9

Einzelunternehmung 21 — Lösung 10

Hauptbuch 20_3

Bank
A	6		18
	210		50
			14
			110
			1
			15
		S	8
	216		216

Debitoren
A	12		210
	230	S	32
	242		242

Büroeinrichtung
A	8		2
	3	S	9
	11		11

Fahrzeug
A	48		8
		S	40
	48		48

Kreditoren
	110	A	4
			3
S	3		106
	113		113

Bankdarlehen
	15	A	20
S	5		
	20		20

Eigenkapital
	9	A	50
S	81		40
	90		90

Privat
	18		70
	14		2
	40		
	72		72

Personalaufwand
	50		
	70	S	120
	120		120

Zinsaufwand
	1		
	2	S	3
	3		3

Abschreibungen
	2		
	8	S	10
	10		10

Übriger Aufwand
	106	S	106

Transportertrag
S	230		230

Schlussbilanz nach Gewinnverbuchung 31.12.20_3

Bank	8	Kreditoren	3
Debitoren	32	Bankdarlehen	5
Büroeinrichtung	9	Eigenkapital	81
Fahrzeug	40		
	89		89

Erfolgsrechnung 20_3

Personalaufwand	120	Transportertrag	230
Zinsaufwand	3		
Abschreibungen	10		
Übriger Aufwand	106	**Verlust**	9
	239		239

Einzelunternehmung

21.11

Wie verbuchen Sie die genannten Geschäftsfälle in den Konten Eigenkapital und Privat?

Markieren Sie die Antworten mit X. Der Geschäftsfall Nr. 1 ist als Muster bereits eingetragen.

Nr.	Geschäftsfälle	Eigenkapital		Privat	
		Soll	Haben	Soll	Haben
1	Eröffnungsbestand Eigenkapital		X		
2	Eröffnungsbestand Privat①				
3	Langfristige Einlage durch den Geschäftsinhaber		X		
4	Privater Barbezug ab dem Bankkonto des Geschäfts			X	
5	Warenbezüge durch den Geschäftsinhaber			X	
6	Eigenlohn				X
7	Privatanteil am Geschäftsauto			X	
8	Eigenzins				X
9	Ausgleich Privatkonto (Sollüberschuss) Ende Jahr	X			X
10	Übertrag des Jahresgewinnes		X		
11	Schlussbestand Eigenkapital	X			
12	Schlussbestand Privat①				

① Das Privatkonto wird **vor** dem Abschluss über das Eigenkapital ausgeglichen, sodass das Privatkonto weder in der Schlussbilanz noch in der Eröffnungsbilanz erscheint.

Einzelunternehmung

21.12

a)

Journal und Hauptbuch

Nr.	Geschäftsfall	Buchungssatz Soll	Buchungssatz Haben	Betrag	Eigenkapital		Privat	
1	Anfangsbestand Eigenkapital	Bilanz	Eigenkapital	100		100		
2	Versand einer Rechnung für ausgeführte Beratungen	Debitoren	Dienstleistungsertrag	50				
3	Bankzahlung für die Miete des Geschäftslokals	Raumaufwand (oder Mietaufwand)	Bank	36				
4	Barbezüge für private Zwecke ab dem Bankkonto des Geschäfts	Privat	Bank	70			70	
5	Bankzahlung für den Lohn einer Angestellten	Lohnaufwand	Bank	70				
6	Gutschrift Eigenlohn	Lohnaufwand	Privat	120				120
7	Bankzahlung der Rechnung von Nr. 2 unter Abzug von 2% Skonto	Dienstleistungsertrag	Debitoren	1				
		Bank	Debitoren	49				
8	Abschreibung des Geschäftsmobiliars	Abschreibung	Mobiliar	14				
9	Erhöhung des Eigenkapitals durch Einbringung eines Fahrzeugs aus dem Privatvermögen	Fahrzeuge	Eigenkapital	20		20		
10	Gutschrift Eigenzins (4% auf Anfangskapital)	Zinsaufwand	Privat	4				4
11	Ausgleich Privatkonto	Privat	Eigenkapital	54		54	54	
12	Übertrag des Jahresverlusts	Eigenkapital	Erfolgsrechnung	10	10			
13	Schlussbestand Eigenkapital	Eigenkapital	Bilanz	164	164			
					174	174	124	124

b)
	Eigenlohn	120
+	Eigenzins	4
./.	Verlust	– 10
=	**Geschäftseinkommen**	**114**

c) Das Geschäftseinkommen würde sich nicht verändern, weil das Geschäft durch den Wegfall von Lohnaufwand (120) und Zinsaufwand (4) mit einem Gewinn von 114 abgeschlossen hätte.

Einzelunternehmung 21

21.50

Bilanz nach Gewinnverbuchung 31. 12. 20_3

Aktiven

Umlaufvermögen

Kasse		1 700.00	

Anlagevermögen

Sattel und Zaumzeug	2 000.00		
Pferde	18 000.00	20 000.00	21 700.00

Passiven

Eigenkapital

Eigenkapital		21 700.00	
Privatkonto		0.00	21 700.00	21 700.00

Erfolgsrechnung 20_3

Ertrag

Reitertrag	18 900.00	18 900.00

Aufwand

Personalaufwand	7 800.00	
Mietaufwand	4 800.00	
Futtermittel	3 540.00	
Übriger Aufwand	3 760.00	
Abschreibungen	3 500.00	
Zinsaufwand	1 500.00	24 900.00

Verlust	– 6 000.00

Einzelunternehmung  Lösung 50

Journal 20_3

Datum	Text	Beleg Nr.	Soll	Haben	Betrag
0	Eröffnung Kasse		1000	9100	1 500.00
0	Eröffnung Sattel, Zaumzeug		1501	9100	3 000.00
0	Eröffnung Pferde		1502	9100	20 500.00
0	Eröffnung Eigenkapital		9100	2800	25 000.00
1	Bareinnahmen Reitkunden		1000	3400	13 500.00
2	Kauf von Heu und Stroh		6200	1000	2 900.00
3	Zahlung Hufschmied		6700	1000	3 000.00
4	Lohn Stallgehilfe		5000	1000	1 200.00
5	Haftpflichtversicherung für Reiter		6700	1000	98.00
6	Stallmiete		6000	1000	4 800.00
7	Tierarzt		6700	1000	402.00
8	Kauf von Hafer und Maispellets		6200	1000	640.00
9	Übrige Baraufwände		6700	1000	260.00
10	Älterwerden der Pferde		6800	1502	2 500.00
11	Abschreibungen Sattel und Zaumzeug		6800	1501	1 000.00
12	Eigenlohn		5000	2850	6 600.00
13	Eigenzins 6%		6900	2850	1 500.00
14	Verrechnung Eigengebrauch der Pferde		2850	3400	5 400.00
15	Ausgleich Privatkonto		2850	2800	2 700.00
16	Verlustverbuchung		2800	9000	6 000.00

21.51

Bilanz nach Gewinnverbuchung 31. 12. 20_2

Aktiven

Umlaufvermögen
Kasse	434.00		
Post	8 774.00		
Debitoren	4 615.00	13 823.00	

Anlagevermögen
Instrumente	23 400.00		
Mobiliar	3 700.00	27 100.00	40 923.00

Passiven

Fremdkapital
Kreditoren	1 124.00		
Bank	5 772.00	6 896.00	

Eigenkapital
Eigenkapital	34 027.00		
Privat	0.00	34 027.00	40 923.00

Erfolgsrechnung 20_2

Ertrag			
Honorare	78 650.00		
Tantiemen	16 350.00		
Ertrag Meisterkurse	19 200.00	114 200.00	
Aufwand			
Personalaufwand	66 460.00		
Mietaufwand	16 360.00		
Versicherungsaufwand	1 170.00		
Übriger Aufwand	22 033.00		
Abschreibungen	4 000.00		
Zinsaufwand	1 710.00	111 733.00	
Gewinn			**2 467.00**

d)

Eigenlohn	60 000.00	
Eigenzins	1 500.00	
Gewinn	2 467.00	
Unternehmereinkommen	63 967.00	

Einzelunternehmung  Lösung 51

Journal 20_2

Datum	Text	Beleg Nr.	Soll	Haben	Betrag
0	Eröffnung Kasse		1000	9100	3 821.00
0	Eröffnung Post		1010	9100	1 164.00
0	Eröffnung Debitoren		1100	9100	4 615.00
0	Eröffnung Instrumente		1500	9100	26 600.00
0	Eröffnung Mobiliar		1510	9100	4 500.00
0	Eröffnung Kreditoren		9100	2000	6 418.00
0	Eröffnung Bank		9100	2100	4 282.00
0	Eröffnung Eigenkapital		9100	2800	30 000.00
1	Rechnung für Stimmungen		6700	2000	980.00
2	Bankgutschrift für Tantiemen		2100	3450	16 350.00
3	Privatbezüge ab Bank		2850	2100	33 100.00
4	Postzahlungen an Kreditoren		2000	1010	4 180.00
5	Bankzahlung für Studiomiete		6000	2100	11 600.00
6	Bankbelastung für Flugtickets		6700	2100	9 420.00
7	Postgutschrift für Honorare aus Konzerttätigkeit		1010	3400	35 000.00
8	Rechnungsversand an Meisterkurs-Teilnehmer		1100	3500	19 200.00
9	Lohnzahlung an Sekretärin durch Bank		5000	2100	6 460.00
10	Postüberweisung für diverse Versicherungen		6300	1010	1 170.00
11	Bankgutschrift für Solistenhonorare		2100	3400	43 650.00
12	Meisterkurs-Teilnehmer zahlen auf Bank		2100	1100	14 400.00
13	Barzahlung für Konzertkleider		6700	1000	1 850.00
14	Baraufwände während Konzertreisen		6700	1000	1 537.00
15	Postgutschrift aus Zahlungen von Kursteilnehmern		1010	1100	4 800.00
16	Rechnung für Notenmaterial		6700	2000	576.00
17	Rechnung für Zimmermiete Meisterkurse		6000	2000	4 760.00
18	Bankzahlung an Kreditoren		2000	2100	7 430.00
19	Postzahlung von Privatrechnungen		2850	1010	26 840.00
20	Bankbelastung für Hotelleistungen		6700	2100	7 670.00
21	Gutschrift Eigenlohn		5000	2850	60 000.00
22	Abschreibung auf Instrumenten		6800	1500	3 200.00
23	Abschreibung auf Mobiliar		6800	1510	800.00
24	Bankbelastung für Zinsen auf Kontokorrent		6900	2100	210.00
25	Eigenzins 5% auf Eigenkapital		6900	2850	1 500.00
26	Ausgleich Privatkonto		2850	2800	1 560.00
27	Gewinnbuchung		9000	2800	2 467.00

28

Kollektivgesellschaft

22.01

Nr.	Frage	Antwort
1	Wo wird das Rechtsverhältnis der Gesellschafter untereinander (Innenverhältnis) geregelt?	Primär im Gesellschaftsvertrag, subsidiär im OR
2	Wie hoch ist der mangels vertraglicher Vereinbarung verrechenbare Eigenzins auf der Kapitaleinlage (OR 558)?	Vier von Hundert, d.h. 4%; OR 558 Absatz 2
3	Um welche Kontenart gemäss Kontenrahmen KMU handelt es sich bei den Privatkonten der Gesellschafter?	Eigenkapital
4	Was bedeutet es, wenn ein Privatkonto im Soll bzw. im Haben eröffnet wird?	Eröffnung im Soll: Der Gesellschafter hat sein Konto überzogen, die Bezüge waren grösser als die Gutschriften. Eröffnung im Haben: Die Gutschriften waren grösser als die Bezüge des Gesellschafters.
5	Wie ist ein Verlust auf die Gesellschafter zu verteilen, wenn vertraglich nichts vereinbart wurde (OR 533)?	Gleich wie der Gewinn verteilt wird. Falls darüber keine Angaben im Vertrag stehen, zu gleichen Teilen auf die Gesellschafter (OR 533 Absatz 1).
6	Ist eine vertragliche Vereinbarung, dass ein Gesellschafter nur am Gewinn, nicht aber am Verlust teilhaben soll, zulässig (OR 533)?	Ja, OR 533 Absatz 3
7	Die Kollektivgesellschaft Lämmli & Wölfli wurde am 31. August 20_1 gegründet. Lämmli leistete eine Kapitaleinlage von Fr. 50000.–, Wölfli eine solche von Fr. 80000.–. Zinsfuss 6%. Wie viel Zins erhalten die beiden Gesellschafter Ende 20_1 gutgeschrieben?	Zins Lämmli = $\dfrac{50000 \cdot 6 \cdot 4}{100 \cdot 12}$ = 1000 Zins Wölfli = $\dfrac{80000 \cdot 6 \cdot 4}{100 \cdot 12}$ = 1600
8	Über welches Konto werden in der Regel die Gewinn- bzw. Verlustanteile der Gesellschafter abgebucht?	Gewinnanteil: auf Privatkonten Verlustanteil: auf Kapitalkonten
9	Wie wird ein Privatkonto mit einem Sollüberschuss in der Bilanz berücksichtigt?	Als Minus-Passivkonto, d.h. als Wertberichtigung zum entsprechenden Kapitalkonto
10	Wie ist die Haftung in der Kollektivgesellschaft geregelt?	Primär haftet das Gesellschaftsvermögen, subsidiär haften die Gesellschafter solidarisch und unbeschränkt, d.h. einer für den andern und mit dem ganzen Privatvermögen.

Kollektivgesellschaft 22

22.02

Geschäftsfall	Buchungssatz	Kapital Haller		Kapital Koch		Privat Haller		Privat Koch	
Eröffnung	Diverse Buchungen		200		400		15		10
Gutschrift für den Eigenlohn je 96	Löhne/Privat Haller						96		
	Löhne/Privat Koch								96
Bezüge während des Jahres ▷ Haller 89 ▷ Koch 102	Privat Haller/ Liquide Mittel					89			
	Privat Koch/ Liquide Mittel							102	
Zinsgutschrift 5% auf den Kapitaleinlagen	Zinsen/Privat Haller						10		
	Zinsen/Privat Koch								20
Gutschrift Gewinnanteil 15 je Gesellschafter	ER/Privat Haller						15		
	ER/Privat Koch								15
Salden auf Bilanz	Diverse Buchungen	200		400		17		39	
		200	200	400	400	121	121	141	141

Schlussbilanz 31. 12. 20_3

Aktiven		Passiven
	Eigenkapital	
	Kapital Haller	200
	Kapital Koch	400
	Privat Haller	17
	Privat Koch	39

b)

	Gesellschafter Haller	Gesellschafter Koch
Lohn	96	96
Zins	10	20
Gewinnanteil	15	15
Unternehmereinkommen	**121**	**131**

c) Bei der Einzelunternehmung wird das Privatkonto am Ende der Periode über das Eigenkapitalkonto ausgeglichen und erscheint nicht in der Bilanz. Bei der Kollektivgesellschaft erscheint das Privatkonto als Teil des Eigenkapitals in der Bilanz und wird entsprechend wiedereröffnet.

Kollektivgesellschaft 22

22.03
a)

Kapitalkonto Bianca

Verlustanteil	20	Anfangsbestand	300
Saldo	**330**	Kapitalerhöhung	50
	350		**350**

Privatkonto Bianca

Anfangsbestand	15	Lohngutschrift	120
Barbezüge	100	Eigenzins	15
Privatrechnungen	11		
Warenbezüge	5		
Saldo	4		
	135		**135**

Kollektivgesellschaft 22

22.04

Journal

Nr.	Geschäftsfälle	Buchungssatz Soll	Haben	Betrag
1	Gesellschafter Stähli entnimmt der Geschäftskasse Fr. 3 000.– für private Zwecke.	Privat Stähli	Kasse	3 000
2	Gutschrift der Löhne für die Gesellschafter Walser und Stähli von je Fr. 8 000.–	Lohnaufwand	Privat Walser	8 000
		Lohnaufwand	Privat Stähli	8 000
3	Versand von Rechnungen für Kundenberatungen, Fr. 20 000.–	Debitoren	Honorarertrag	20 000
4	Gesellschafter Stähli benutzt den Geschäftswagen für eine Ferienreise. Es werden ihm Fr. 800.– dafür belastet.	Privat Stähli	Ertrag Eigenverbrauch (oder Fahrzeugaufwand)	800
5	Ein neuer Gesellschafter, S. Götz, leistet eine Kapitaleinlage von Fr. 50 000.– auf die Bank.	Bank	Kapital Götz	50 000
6	Immobilienkauf für Fr. 1 300 000.–. Errichtung einer Hypothek von Fr. 800 000.–. Banküberweisung von Fr. 500 000.–	Immobilien	Hypothek	800 000
		Immobilien	Bank	500 000
7	Gesellschafter Walser übernimmt den alten Laptop aus dem Geschäft für seine Tochter Simone, Fr. 400.–	Privat Walser	Mobilien	400
8	Für Gesellschafter Stähli wird eine Steuerrechnung im Betrag von Fr. 9 000.– durch die Post bezahlt.	Privat Stähli	Post	9 000
9	Die private Zahnarztrechnung von Walser wird durch Banküberweisung beglichen, Fr. 1 250.–	Privat Walser	Bank	1 250
10	Auf den Kapitaleinlagen der Gesellschafter wird der Eigenzins von 6% gutgeschrieben:			
	▷ Kapital Walser 100 000.– (für 12 Monate)	Zinsaufwand	Privat Walser	6 000
	▷ Kapital Stähli 80 000.– (für 12 Monate)	Zinsaufwand	Privat Stähli	4 800
	▷ Kapital Götz 50 000.– (für 9 Monate)	Zinsaufwand	Privat Götz	2 250
11	Mit dem Einverständnis der beiden anderen Gesellschafter erhöht S. Götz seine Kapitaleinlage zulasten seines Privatkontos um Fr. 20 000.–	Privat Götz	Kapital Götz	20 000
12	In diesem Geschäftsjahr wurde ein Gewinn von Fr. 69 000.– erzielt, welcher den Gesellschaftern im Verhältnis ihrer Kapitaleinlagen gemäss Nr. 10 gutgeschrieben wird. (Dass Gesellschafter Götz kein volles Jahr mitgearbeitet hat, wird vernachlässigt.)	Erfolgsrechnung	Privat Walser	30 000
		Erfolgsrechnung	Privat Stähli	24 000
		Erfolgsrechnung	Privat Götz	15 000

Kollektivgesellschaft 22

22.05
a)

Konten	Provisorische Saldobilanz		Nachträge		Definitive Saldobilanz	
Liquide Mittel	89			5	84	
Debitoren	38				38	
Warenvorräte	300				300	
Mobilien	45				45	
Fahrzeug	28			8	20	
Kreditoren		72				72
Bankschuld		60				60
Kapital Hotz		250				250
Kapital Benz		50				50
Privat Hotz	7		5	15	17	
Privat Benz	2			7+3	8	
Warenaufwand	980				980	
Personalaufwand	312		7		319	
Mietaufwand	78				78	
Zinsaufwand	3		15+3		21	
Übriger Betriebsaufwand	107				107	
Abschreibungen	8		8		16	
Warenertrag		1 551				1 551
Total	1 990	1 990	38	38	2 008	2 008

Kollektivgesellschaft — Lösung 05

b)

Bilanz vor Gewinnverbuchung 31. 12. 20_5

Aktiven			Passiven		
Umlaufvermögen			**Fremdkapital**		
Liquide Mittel	84		Kreditoren	72	
Debitoren	38		Bank	60	132
Warenvorräte	300	422			
			Eigenkapital		
			Kapital Hotz	250	
			Kapital Benz	50	
Anlagevermögen			Privat Hotz	17	
Mobilien	45		Privat Benz	8	
Fahrzeug	20	65	Gewinn	30	355
		487			487

Erfolgsrechnung für 20_5

Aufwand		Ertrag	
Warenaufwand	980	Warenertrag	1 551
Personalaufwand	319		
Mietaufwand	78		
Zinsaufwand	21		
Übr. Betriebsaufwand	107		
Abschreibungen	16		
Gewinn	30		
	1 551		1 551

c)

Bilanz nach Gewinnverbuchung 31. 12. 20_5

Aktiven			Passiven		
Umlaufvermögen			**Fremdkapital**		
Liquide Mittel	84		Kreditoren	72	
Debitoren	38		Bank	60	132
Warenvorräte	300	422			
			Eigenkapital		
			Kapital Hotz	250	
Anlagevermögen			Kapital Benz	50	
Mobilien	45		Privat Hotz	32	
Fahrzeug	20	65	Privat Benz	23	355
		487			487

d) Eine Verteilung des Gewinnes nach Köpfen ist dann gerecht, wenn durch die Gewinnverteilung der persönliche Einsatz der Gesellschafter honoriert werden soll und man davon ausgeht, dass über die Gutschrift der Eigenzinsen die unterschiedlichen Kapitaleinsätze und das Risiko auf dem investierten Geld angemessen entschädigt werden.

Umgekehrt ist die Verteilung nach Köpfen ungerecht, wenn die Kapitaleinlagen mit einem hohen unternehmerischen Risiko belastet sind und die persönliche Mitwirkung der Gesellschafter im Betrieb nicht im Vordergrund steht.

e)

	bei 6% Zins		bei 4% Zins	
	Total	Anteil Hotz	Total	Anteil Hotz
Eigenzins	18	15	12	10
Gewinn	30	15	36	18
Summe	48	30	48	28

Die Gesamtzinsen würden um 6 reduziert, dafür würde der Gewinn um 6 zunehmen. Insgesamt wird das Unternehmereinkommen von Hotz um 2 vermindert.

Kollektivgesellschaft 22

22.06

a)

Schlussbilanz 31. 12. 20_6

Aktiven		Passiven
	Eigenkapital	
	Kapital Dürr	500
	Kapital Rüegger	300
	Privat Dürr	48
	Privat Rüegger	12

b)

Schlussbilanz 31. 12. 20_6

Aktiven		Passiven
	Eigenkapital	
	Kapital Dürr	500
	Kapital Rüegger	300
	Privat Dürr	43
	Privat Rüegger	17

c)

Schlussbilanz 31. 12. 20_6

Aktiven		Passiven
	Eigenkapital	
	Kapital Dürr	480
	Kapital Rüegger	280
	Privat Dürr	23
	Privat Rüegger	– 3

d)

Nr.	Text	Buchungssatz Soll	Buchungssatz Haben	Betrag
1	Zinsgutschrift Gesellschafter Dürr	Zinsaufwand	Privat Dürr	28,8
2	Zinsgutschrift Gesellschafter Rüegger	Zinsaufwand	Privat Rüegger	16,8

22.07

Gegenüber der AG und der GmbH weist die Kollektivgesellschaft den Nachteil auf, dass die Gesellschafter subsidiär mit ihrem ganzen Privatvermögen haften.

Bei der Kollektivgesellschaft ist die einwandfreie Beziehung der Gesellschafter untereinander von grösster Bedeutung. Verschlechtert sich diese aus irgendwelchen Gründen, ist die Gesellschaft in Gefahr.

Als Problem kann sich auch die solidarische Haftung jedes Gesellschafters für alle Gesellschaftsschulden erweisen. Sie setzt deshalb ein sehr grosses Vertrauen zwischen den Gesellschaftern voraus.

Für wesentliche Beschlüsse der Kollektivgesellschaft ist immer das Einverständnis aller Gesellschafter notwendig, was im Vergleich mit der Einzelunternehmung nachteilig ist, wo der Geschäftsinhaber frei und rasch entscheiden kann.

23

Aktiengesellschaft

23.01

	Einzelunternehmung	Aktiengesellschaft
Personenkreis	Eine einzelne natürliche Person ist Eigentümerin der Unternehmung.	Die AG ist eine Gesellschaft mit eigener Rechtspersönlichkeit (juristische Person), an der ein oder mehrere Aktionäre beteiligt sind.
Eigenkapital	Das Eigenkapital stammt allein vom Einzelunternehmer bzw. der Einzelunternehmerin. **In der Bilanz wird das Eigenkapital nicht weiter gegliedert.**	Das Eigenkapital wird von einem oder mehreren Aktionären bzw. Aktionärinnen aufgebracht. Wie wird das Eigenkapital gegliedert? ▷ Aktienkapital ▷ Gesetzliche Gewinnreserve ▷ Freiwillige Gewinnreserven ▷ Gewinnvortrag
Gewinnverbuchung beim Abschluss	Der Gewinn wird auf das Eigenkapital gebucht: Wie lautet der Buchungssatz? Erfolgsrechnung/Eigenkapital	Der Gewinn wird auf das Eigenkapital-Konto *Gewinnvortrag* gebucht. Buchungssatz: **Erfolgsrechnung/Gewinnvortrag**
Gewinnverwendung	Der Einzelunternehmer kann frei über den Gewinn verfügen und diesen in Form von Privatbezügen während des Jahres beziehen. Wie lautet der Buchungssatz für einen Barbezug? Privat/Kasse	Die Generalversammlung (= Versammlung der Aktionäre) beschliesst über die Gewinnverwendung: ▷ Ein Teil des Gewinns muss in Form von **gesetzlichen Gewinnreserven** zurückbehalten werden. ▷ Der Rest des Gewinns kann an die Aktionäre als Dividende ausbezahlt werden. Es ist möglich, einen Teil des Gewinns in Form von **freiwilligen Gewinnreserven** zurückzubehalten oder als Gewinnrest auf dem **Gewinnvortragskonto** für eine Verteilung im nächsten Jahr stehen zu lassen.
Haftung	Der Unternehmer haftet persönlich und unbeschränkt für alle Geschäftsschulden, d.h. auch mit seinem Privatvermögen. Das ist ein wichtiger Nachteil dieser Rechtsform.	Die Haftung für Gesellschaftsschulden ist auf das Vermögen der AG beschränkt. Die Aktionäre haften nicht.
Anonymität	Der Unternehmer ist als Eigentümer seiner Einzelunternehmung im Handelsregister eingetragen (ausser sehr kleine Einzelunternehmungen).	Die Aktionäre sind nicht im Handelsregister eingetragen; sie bleiben grundsätzlich anonym.
Steuern	Geschäfts- und Privateinkommen bzw. -vermögen werden zusammengezählt und gemeinsam besteuert.	Die AG und die Aktionäre werden getrennt besteuert: ▷ Die AG zahlt Steuern auf dem Gewinn und dem Eigenkapital. ▷ Die Aktionäre zahlen Steuern auf den Dividenden und dem Vermögen (Wert der Aktien). Diese Doppelbesteuerung ist der wichtigste Nachteil der AG.

Aktiengesellschaft

23.02

a)

Einzelunternehmung	Aktiengesellschaft
Erfolgsrechnung/Eigenkapital 60	Erfolgsrechnung/Gewinnvortrag 40

b)

Schlussbilanz nach Gewinnverbuchung per 31. 12. 20_2

Aktiven			Passiven		
Umlaufvermögen			**Fremdkapital**		
Flüssige Mittel	21		Verbindlichkeiten L+L	45	
Forderungen L+L	19		Darlehen	15	60
Vorräte	50	90			
Anlagevermögen			**Eigenkapital**		
Sachanlagen		110	Eigenkapital		140
		200			200

Schlussbilanz nach Gewinnverbuchung per 31. 12. 20_2

Aktiven			Passiven		
Umlaufvermögen			**Fremdkapital**		
Flüssige Mittel	30		Verbindlichkeiten L+L	120	
Forderungen L+L	52		Darlehen	160	280
Vorräte	128	210	**Eigenkapital**		
			Aktienkapital	100	
			Gesetzliche Gewinnreserve	30	
Anlagevermögen			Freiwillige Gewinnreserven	46	
Sachanlagen		290	Gewinnvortrag	44	220
		500			500

c) Der Gewinn stellt eine Erhöhung des Eigenkapitals durch die Geschäftstätigkeit in einer Periode dar und ist damit ein Teil des Eigenkapitals.

Er wird beim Jahresabschluss als letzte Buchung des Geschäftsjahres lediglich umgebucht, damit er in der Schlussbilanz und anschliessend in der Eröffnungsbilanz des neuen Geschäftsjahres nicht mehr erscheint und die Gewinnermittlung wieder bei null beginnen kann.

d) Bei der Einzelunternehmung wird das Eigenkapital nicht weiter unterteilt, während bei der Aktiengesellschaft in Form des Gewinnvortrags ein spezielles Eigenkapital-Konto für die Gewinnverbuchung besteht.

Aktiengesellschaft 23

23.03

a)

Eigenkapital

	Aktienkapital	100
+	Gesetzliche Gewinnreserve (30 + 2)	32
+	Freiwillige Gewinnreserven (46 + 16)	62
+	Gewinnvortrag	6
=	Eigenkapital	200

b)

Verbuchung der Gewinnverwendung

Datum	Text	Buchung	Dividenden		Gesetzliche Gewinnres.		Freiwillige Gewinnres.		Gewinn-vortrag	
01.01.20_3	Anfangsbestände	Diverse				30		46		44
20.03.20_3	Gesetzliche Reserven	Gewinnvortrag/Gesetzliche Gewinnreserve				2				2
20.03.20_3	Freiwillige Reserven	Gewinnvortrag/Freiwillige Gewinnreserven						16		16
20.03.20_3	Dividendenzuweisung	Gewinnvortrag/Dividenden		20						20
26.03.20_3	Verrechnungssteuer	Dividenden/Kreditor VSt	7							
26.03.20_3	Zahlung Dividende	Dividenden/Bank	13							
19.04.20_3	Zahlung VSt	Kreditor VSt/Bank 7								
19.04.20_3	Neue Bestände	Keine Buchungen			32		62		6	
			20	20	32	32	62	62	44	44

c) Sie vermindern sich um 20 (Dividendenzahlung 13, Zahlung VSt 7).

d) Angenommen, die flüssigen Mittel wären im Zeitpunkt der Generalversammlung ähnlich hoch wie im Jahresabschluss per Ende 20_2, hätte die Dividende nicht bezahlt werden können.

23.04

Sollbuchung	Habenbuchung	Betrag
Bank	Beteiligungsertrag	2 600
Debitor VSt	Beteiligungsertrag	1 400

Aktiengesellschaft

23.05

a)

Sollbuchung	Habenbuchung	Betrag
Erfolgsrechnung	Gewinnvortrag	160

b)

Gewinnverwendungsplan

Gewinnvortrag per Anfang 20_7	175
./. Zuwendung an gesetzliche Gewinnreserve (5% von 160)	– 8
./. Dividende	– 160
= Neuer Gewinnvortrag	7

c)

Verbuchung der Gewinnverwendung

Datum	Text	Buchung	Kreditor VSt		Dividenden		Gesetzliche Gewinnres.		Gewinn-vortrag	
01.01.20_7	Anfangsbestände	Diverse						70		175
14.05.20_7	Reservenzuweisung	Gewinnvortrag/Gesetzliche Gewinnreserve						8	8	
14.05.20_7	Dividendenzuweisung	Gewinnvortrag/Dividenden				160			160	
16.05.20_7	Verrechnungssteuer	Dividenden/Kreditor VSt		56	56					
16.05.20_7	Bankzahlung Dividende	Dividenden/Bank				104				
15.06.20_7	Bankzahlung VSt	Kreditor VSt/Bank	56							
25.06.20_7	Neue Bestände	Keine Buchungen					78		7	
			56	56	160	160	78	78	175	175

d)

Sollbuchung	Habenbuchung	Betrag
Bank	Beteiligungsertrag	78
Debitor VSt	Beteiligungsertrag	42

Aktiengesellschaft

23.06

Journal 20_5

Nr.	Geschäftsfall	Sollbuchung	Habenbuchung	Betrag
1	Rechnungen an den Getränkekonzern für ausgeführte Transporte inkl. 8% MWST	Forderungen L+L	Transportertrag	250
2	Vom Getränkekonzern bezahlte Rechnungen	Bank	Forderungen L+L	240
3	Banküberweisungen für Mehrwertsteuern	Kreditor MWST	Bank	10
4	Bankzahlungen für Personalaufwand	Personalaufwand	Bank	80
5	Rechnungen einer Garage für Dieselbezüge sowie Unterhalt und Reparaturen inkl. MWST	Fahrzeugaufwand	Verbindlichkeiten L+L	65
6	Gewinnverwendung gemäss Beschluss der Generalversammlung: Gesetzliche Gewinnreserve 4, Dividende 20	Gewinnvortrag	Gesetzliche Gewinnreserve	4
		Gewinnvortrag	Dividenden	20
7	Bankzahlung der Nettodividende an die Aktionäre und Verbuchung der Verrechnungssteuer	Dividenden	Bank	13
		Dividenden	Kreditor VSt	7
8	Banküberweisung der Verrechnungssteuer an die eidg. Steuerverwaltung	Kreditor VSt	Bank	7
9	Rechnungen für übrigen Aufwand inkl. MWST	Übriger Aufwand	Verbindlichkeiten L+L	45
10	Bankzahlungen an Kreditoren	Verbindlichkeiten L+L	Bank	110
11	Geschuldete MWST, Saldosteuersatz 4,4%	Transportertrag	Kreditor MWST	11
12	Abschreibung Büroeinrichtung	Abschreibungen	Büroeinrichtung	1
13	Abschreibung Anhängerzug	Abschreibungen	Fahrzeuge	40
14	Verbuchung des Jahresgewinns	Erfolgsrechnung	Gewinnvortrag	8

Aktiengesellschaft — Lösung 06

Hauptbuch 20_5

Bank
A	8		10
	240		80
			13
			7
			110
		S	28
	248		248

Forderungen L+L
A	20		240
	250	S	30
	270		270

Büroeinrichtung
A	5		1
		S	4
	5		5

Fahrzeuge
A	180		40
		S	140
	180		180

Verbindlichkeiten L+L
	110	A	23
			65
S	23		45
	133		133

Kreditor MWST
	10	A	10
S	11		11
	21		21

Kreditor VSt
	7		7

Dividenden
	13		20
	7		
	20		20

Aktienkapital
S	100	A	100

Gesetzliche Gewinnreserve
		A	45
S	49		4
	49		49

Gewinnvortrag
	4	A	35
	20		8
S	19		
	43		43

Personalaufwand
	80	S	80

Fahrzeugaufwand
	65	S	65

Abschreibungen
	1		
	40	S	41
	41		41

Übriger Aufwand
	45	S	45

Transportertrag
	11		250
S	239		
	250		250

Erfolgsrechnung 20_5
Personalaufwand	80	Transportertrag	239
Fahrzeugaufwand	65		
Abschreibungen	41		
Übriger Aufwand	45		
Gewinn	8		
	239		239

Schlussbilanz nach Gewinnverbuchung 31. 12. 20_5
Bank	28	Verbindlichkeiten L+L	23
Forderungen L+L	30	Kreditor MWST	11
Büroeinrichtung	4	Aktienkapital	100
Fahrzeuge	140	Gesetzl. Gewinnreserve	49
		Gewinnvortrag	19
	202		202

Aktiengesellschaft 23

23.07

Kreuzen Sie die Aussagen als richtig an, oder geben Sie eine Begründung.

Nr.	Aussage	Richtig	Begründung bei falscher Aussage
1	Zum Eigenkapital einer Aktiengesellschaft gehören das Aktienkapital, die gesetzlichen und freiwilligen Gewinnreserven, der Gewinnvortrag sowie die Dividenden.		Dividenden sind Fremdkapital, weil sie eine Verbindlichkeit der Aktiengesellschaft gegenüber den Aktionären darstellen.
2	Für die Verbindlichkeiten einer Aktiengesellschaft haftet nur das Gesellschaftsvermögen. Die Aktionäre haften nicht mit ihrem Privatvermögen.	X	
3	Als letzte Buchung eines Geschäftsjahrs wird der Gewinn (bzw. der Verlust) auf die Erfolgsrechnung übertragen.		Der Gewinn (bzw. der Verlust) wird auf das Gewinnvortragskonto übertragen. Der Buchungssatz lautet: Erfolgsrechnung/Gewinnvortrag.
4	Vom Gewinn müssen 5% den gesetzlichen Gewinnreserven zugewiesen werden, bis diese 50% des Aktienkapitals erreicht haben.	X	
5	Mit der Pflicht zur Reservenbildung will der Gesetzgeber den ausschüttungsfähigen Betrag vermindern und damit die Liquidität (Zahlungsbereitschaft) der Aktiengesellschaft fördern.	X	
6	Ein wichtiger Vorteil der Aktiengesellschaft ist die getrennte Besteuerung der Gesellschaft und der Aktionäre.		Diese Doppelbesteuerung ist ein wesentlicher Nachteil der Aktiengesellschaft.
7	Über die Gewinnverwendung einer Aktiengesellschaft entscheidet der Verwaltungsrat.		Die Generalversammlung entscheidet über die Gewinnverwendung. Der Verwaltungsrat unterbreitet einen Vorschlag.

23.08

a) Eigenkapital gemäss Schlussbilanz nach Verlustverbuchung per Ende 20_8:

	Aktienkapital	300
+	Gesetzliche Gewinnreserve	70
+	Freiwillige Gewinnreserven	20
./.	Verlustvortrag	– 40
=	**Eigenkapital**	**350**

b) Eigenkapital nach Verrechnung des restlichen Verlusts mit der gesetzlichen Gewinnreserve:

	Aktienkapital	300
+	Gesetzliche Gewinnreserve	50
=	**Eigenkapital**	**350**

Eigenkapital bei Vortrag des restlichen Verlusts:

	Aktienkapital	300
+	Gesetzliche Gewinnreserve	70
./.	Verlustvortrag	– 20
=	**Eigenkapital**	**350**

Aktiengesellschaft

23.09

a)

Sollbuchung	Habenbuchung	Betrag
Erfolgsrechnung	Gewinnvortrag	80

b)

Gewinnverwendungsplan 20_5

Gewinnvortrag (Bilanzgewinn)	92
./. Zuweisung gesetzliche Gewinnreserve (5% von 80)	– 4
./. Dividende (8% von 1000)	– 80
= Neuer Gewinnvortrag	8

c)

Journal und Konten 20_5 (Ausschnitt)

Datum	Text	Buchung	Kreditor VSt		Dividenden		Gesetzliche Gewinnres.		Gewinn-vortrag	
01. 01.	Anfangsbestände	Diverse Eröffnungsbuchungen						250		92
15. 05.	Reservenzuweisung	Gewinnvortrag/Gesetzliche Gewinnreserve						4	4	
15. 05.	Dividenden-zuweisung	Gewinnvortrag/Dividenden				80			80	
15. 05.	Verrechnungssteuer	Dividenden/Kreditor VSt		28	28					
20. 05.	Auszahlung Nettodividenden	Dividenden/Bank			52					
16. 06.	Überweisung VSt	Kreditor VSt/Bank	28							
16. 06.	Neue Kontensalden	Keine Buchungen						254		8
			28	28	80	80	254	254	92	92

d)

Aktienkapital	1 000
+ Gesetzliche Gewinnreserve	254
+ Gewinnvortrag	8
= Eigenkapital	1 262

Aktiengesellschaft 23

23.10

a)

Gewinnverwendungsplan

Gewinnvortrag vor Gewinnverwendung	Fr. 310 000.–
./. Reservenzuweisung	Fr. 23 000.–
./. 7% Dividende	Fr. 280 000.–
= Gewinnvortrag nach Gewinnverwendung	Fr. 7 000.–

b)

Soll	Haben	Betrag
Gewinnvortrag	Gesetzliche Gewinnreserve	23 000
Gewinnvortrag	Dividenden	280 000

23.11

a)

Gewinnverwendungsplan

Gewinnvortrag vor Gewinnverwendung	Fr. 42 600.–
./. Zuweisung an die gesetzliche Gewinnreserve	Fr. 20 000.–
./. Dividende (11% des Aktienkapitals von Fr. 200 000.–)	Fr. 22 000.–
= Gewinnvortrag nach Gewinnverwendung	Fr. 600.–

b)

Datum	Text	Buchung Soll	Haben	Betrag
17. 03. 20_2	Reservenzuweisung	Gewinnvortrag	Gesetzliche Gewinnreserve	20 000
17. 03. 20_2	Dividendenzuweisung	Gewinnvortrag	Dividenden	22 000
18. 03. 20_2	Auszahlung der Nettodividende	Dividenden	Flüssige Mittel	14 300
18. 03. 20_2	Gutschrift der Verrechnungssteuer	Dividenden	Kreditor VSt	7 700
17. 04. 20_2	Überweisung der VSt an die eidg. Steuerverwaltung	Kreditor VSt	Flüssige Mittel	7 700

Aktiengesellschaft — Lösung 11

c) Die Opal AG hat wahrscheinlich zu wenig flüssige Mittel und kann die Dividende gar nicht zahlen.

Die Liquidität der Opal AG ist bereits in der Eröffnungsbilanz ungenügend: Den kurzfristig fälligen Kreditoren von Fr. 120 000.– (Zahlungsziel normalerweise etwa 30 Tage) stehen flüssige Mittel von nur Fr. 10 000.– sowie wahrscheinlich bald eingehende Debitorenzahlungen von Fr. 50 000.– gegenüber.

Fachleuten ist dieser Zusammenhang unter dem Begriff **Liquiditätsgrad 2** bekannt (vgl. Kapitel 26):

Liquiditätsgrad 2	$\dfrac{\text{(Flüssige Mittel + Forderungen)} \cdot 100\%}{\text{Kurzfristiges Fremdkapital}}$	$\dfrac{(10\,000 + 50\,000) \cdot 100\%}{120\,000}$	50%

Dieses Ergebnis bedeutet, dass die Opal AG kurzfristig nur 50% der demnächst fälligen Schulden zahlen kann. Als Faustregel gilt, dass der Liquiditätsgrad 2 normalerweise einen Wert von 100% aufweisen sollte. Illiquidität (Zahlungsunfähigkeit) ist in der Praxis die häufigste Konkursursache.

d) Wie dieses Beispiel zeigt, stellt die Dividendenauszahlung eine Schwächung der Aktiengesellschaft dar, indem flüssige Mittel von der Gesellschaft an die Aktionäre abfliessen und der AG nicht mehr für das Bezahlen von Schulden zur Verfügung stehen.

Das Einbehalten eines Teils des Gewinnes in Form von Reserven verbessert die Liquidität der Aktiengesellschaft und führt zur Selbstfinanzierung (Erhöhung des Eigenkapitals durch die Geschäftstätigkeit).

Der Gesetzgeber will mit der obligationenrechtlichen Pflicht zur Reservenbildung die Gläubiger der Aktiengesellschaft schützen, da die Haftung der AG auf ihr Vermögen beschränkt ist und die Aktionäre nicht haften.

e)

Soll	Haben	Betrag
Bank	Dividendenertrag[1]	2 860
Debitor VSt	Dividendenertrag[1]	1 540

---

[1] oder Wertschriftenertrag oder Beteiligungsertrag oder Finanzertrag

23.12

a) Bei einigen Bilanzpositionen ist die Bewertung einfach: Das Schweizer Geld in der Kasse zum Beispiel lässt sich leicht zählen; der Wert ist genau bestimmt. Ebenso steht die genaue Höhe einer Hypothekarschuld in Schweizer Franken fest.

Beim Bankguthaben ist auch keine Bewertung nötig, sofern es sich nicht um eine Fremdwährung handelt und die Bonität der Bank gut ist. Auch die Kreditoren müssen nicht bewertet werden, sofern sie nicht auf fremde Währungen lauten.

b) Bei den meisten Bilanzpositionen ist der Wert nicht so einfach feststellbar:
  ▷ Sollen die Immobilien zum früheren Kaufpreis oder zum geschätzten heutigen Marktwert in der Bilanz aufgeführt werden?
  ▷ Um wie viel ist das Mobiliar abzuschreiben?
  ▷ Welchen Wert hat das Warenlager?
  ▷ Wie viele Debitoren werden voraussichtlich nicht zahlen?
  ▷ Zu welchem Wechselkurs soll ein Guthaben oder eine Schuld in fremder Währung umgerechnet werden?

c) Nach OR 960b Abs. 1 dürfen Aktiven mit Börsenkurs höchstens zum Kurs am Bilanzstichtag bewertet werden, das ist hier Fr. 35 000.–. Die Wertschriften müssen demnach um Fr. 5 000.– abgewertet werden, was eine Verminderung des Jahresgewinns auf Fr. 15 000.– bzw. des Eigenkapitals auf Fr. 495 000.– zur Folge hat.

d) Die Liegenschaft wurde im Verlaufe der 16 Jahre teilweise abgeschrieben, obwohl dies nach OR 960a nicht nötig gewesen wäre. Damit wurden die ausgewiesenen Gewinne verkleinert, was steuerliche Einsparungen zur Folge hatte.

e) Der Höchstwert nach OR 960a beträgt Fr. 1 000 000.– (das ist der Anschaffungswert). Eine Aufwertung von Fr. 400 000.– hätte eine entsprechende Erhöhung des Jahresgewinnes und des Eigenkapitals zur Folge.

f) Nach OR 960 Abs. 2 höchstens zum Wert, den dieses Aktivum per Bilanzstichtag für das Geschäft hat, d.h. Fr. 2 500 000.–.

23.13

a)

Definitive Schlussbilanz 31. 12. 20_1

Aktiven					Passiven
Umlaufvermögen			**Fremdkapital**		
Liquide Mittel	20		Kreditoren	92	
Debitoren	70		Hypothek	130	222
Warenvorrat	40	130	**Eigenkapital**		
Anlagevermögen			Aktienkapital	100	
Anlagevermögen		220	Gewinn (80–30–20–2)	28	128
		350			350

b) Der ausgewiesene Gewinn soll vermindert werden, damit weniger Dividenden ausgeschüttet und Steuern gespart werden.

23.14

Definitive Schlussbilanz 31. 12. 20_1

Aktiven					Passiven
Umlaufvermögen			**Fremdkapital**		
Bank	7		Kreditoren	41	
Wertschriften	14		Hypothek	120	161
Debitoren	30	51			
Anlagevermögen			**Eigenkapital**		
Einrichtungen	10		Aktienkapital	100	
Fahrzeuge	30		Gewinnreserven	60	
Liegenschaften	250	290	Gewinn①	20	180
		341			341

① **Kontrolle**

Provisorischer Gewinn	50
./. Abschreibung Einrichtungen	– 5
./. Abschreibung Fahrzeuge	– 5
./. Abschreibung Liegenschaften	– 10
./. Abwertung Wertschriften	– 6
./. Abwertung Debitoren	– 3
./. Aufwertung Kreditoren	– 1
= Definitiver Gewinn	20

23.50

Schlussbilanz vor Gewinnverbuchung 31. 12. 20_2

Aktiven

Umlaufvermögen

Kasse		4 320.00	

Anlagevermögen

Sesselbahn	950 000.00		
Rutschbahn	760 000.00		
Pistenfahrzeug	450 000.00		
Beschneiungsanlagen	665 000.00		
Pistenbeleuchtung	190 000.00		
Diverse Anlagen	380 000.00	3 395 000.00	3 399 320.00

Passiven

Fremdkapital

Kreditoren	53 459.00		
Bank	401 861.00		
Darlehen	900 000.00	1 355 320.00	

Eigenkapital

Aktienkapital		2 000 000.00	3 355 320.00

Gewinn			**44 000.00**

Aktiengesellschaft — Lösung 50

Schlussbilanz nach Gewinnverbuchung 31. 12. 20_2

Aktiven

Umlaufvermögen

Kasse		4 320.00	

Anlagevermögen

Sesselbahn	950 000.00		
Rutschbahn	760 000.00		
Pistenfahrzeug	450 000.00		
Beschneiungsanlagen	665 000.00		
Pistenbeleuchtung	190 000.00		
Diverse Anlagen	380 000.00	3 395 000.00	3 399 320.00

Passiven

Fremdkapital

Kreditoren	53 459.00		
Bank	401 861.00		
Darlehen	900 000.00	1 555 320.00	

Eigenkapital

Aktienkapital	2 000 000.00		
Gewinnvortrag	44 000.00	2 044 000.00	3 399 320.00

Aktiengesellschaft — Lösung 50

Erfolgsrechnung 20_2

Ertrag			
Ertrag Winter	339 370.00		
Ertrag Sommer	509 330.00	848 700.00	
Aufwand			
Personalaufwand	312 000.00		
Pachtaufwand	36 000.00		
Unterhalt und Reparaturen	32 625.00		
Versicherungsaufwand	22 400.00		
Energieaufwand	61 425.00		
Werbeaufwand	71 650.00		
Übriger Aufwand	48 140.00		
Abschreibung Sesselbahn	50 000.00		
Abschreibung Rutschbahn	40 000.00		
Abschreibung Pistenfahrzeuge	50 000.00		
Abschreibung Beschneiungsanlagen	35 000.00		
Abschreibung Pistenbeleuchtung	10 000.00		
Abschreibung diverse Anlagen	20 000.00		
Zinsaufwand	15 460.00	804 700.00	
Gewinn			**44 000.00**

Aktiengesellschaft 23 — Lösung 50

Journal 20_2

Datum	Text	Beleg Nr.	Soll	Haben	Betrag
0	Eröffnungsbuchung Kasse		1000	9100	920.00
0	Eröffnungsbuchung Sesselbahn		1500	9100	1 000 000.00
0	Eröffnungsbuchung Rutschbahn		1501	9100	800 000.00
0	Eröffnungsbuchung Pistenfahrzeug		1502	9100	500 000.00
0	Eröffnungsbuchung Beschneiungsanlagen		1503	9100	700 000.00
0	Eröffnungsbuchung Diverse Anlagen		1505	9100	400 000.00
0	Eröffnungsbuchung Kreditoren		9100	2000	133 518.00
0	Eröffnungsbuchung Bank		9100	2100	267 402.00
0	Eröffnungsbuchung Darlehen		9100	2400	1 000 000.00
0	Eröffnungsbuchung Aktienkapital		9100	2800	2 000 000.00
1	Verkauf Tageskarten Winter		1000	3000	339 370.00
2	Verkauf Billette Sommer		1000	3100	509 330.00
3	Einzahlungen Bank		2100	1000	845 300.00
4	Personalaufwand		5000	2100	312 000.00
5	Pachtaufwand		6050	2100	36 000.00
6	Bankzinsen		6900	2100	15 460.00
7	Kauf Pistenbeleuchtung		1504	2000	200 000.00
8	Unterhalt und Reparaturen		6100	2000	32 625.00
9	Strom und Diesel		6400	2000	61 425.00
10	Kreditorenzahlungen		2000	2100	374 109.00
11	Versicherungsprämien		6300	2100	22 400.00
12	Rückzahlung Darlehen		2400	2100	100 000.00
13	Werbeaufwand		6600	2100	71 650.00
14	Diverser Aufwand		6700	2100	48 140.00
15	Abschreibung Sesselbahn		6800	1500	50 000.00
15	Abschreibung Rutschbahn		6801	1501	40 000.00
15	Abschreibung Pistenfahrzeuge		6802	1502	50 000.00
15	Abschreibung Beschneiungsanlage		6803	1503	35 000.00
15	Abschreibung Beleuchtungsanlage		6804	1504	10 000.00
15	Abschreibung diverse Anlagen		6805	1505	20 000.00
c)	Gewinnbuchung		9000	2970	44 000.00

Aktiengesellschaft — Lösung 50

Schlussbilanz vor Gewinnverbuchung 31. 12. 20_3

Aktiven

Umlaufvermögen

Kasse	3 520.00		
Debitoren	3 500.00	7 020.00	

Anlagevermögen

Sesselbahn	900 000.00		
Rutschbahn	720 000.00		
Pistenfahrzeug	400 000.00		
Beschneiungsanlagen	630 000.00		
Pistenbeleuchtung	180 000.00		
Diverse Anlagen	360 000.00	3 190 000.00	3 197 020.00

Passiven

Fremdkapital

Kreditoren	71 645.00		
Bank	201 765.00		
Kreditor VSt	0.00		
Dividenden	0.00		
Darlehen	800 000.00	1 073 410.00	

Eigenkapital

Aktienkapital	2 000 000.00		
Gesetzliche Gewinnreserve	2 200.00		
Gewinnvortrag	1 800.00	2 004 000.00	3 077 410.00

Gewinn	**119 610.00**

Schlussbilanz nach Gewinnverbuchung 31. 12. 20_3

Aktiven

Umlaufvermögen
Kasse	3 520.00		
Debitoren	3 500.00	7 020.00	

Anlagevermögen
Sesselbahn	900 000.00		
Rutschbahn	720 000.00		
Pistenfahrzeug	400 000.00		
Beschneiungsanlagen	630 000.00		
Pistenbeleuchtung	180 000.00		
Diverse Anlagen	360 000.00	3 190 000.00	3 197 020.00

Passiven

Fremdkapital
Kreditoren	71 645.00		
Bank	201 765.00		
Kreditor VSt	0.00		
Dividenden	0.00		
Darlehen	800 000.00	1 073 410.00	

Eigenkapital
Aktienkapital	2 000 000.00		
Gesetzliche Gewinnreserve	2 200.00		
Gewinnvortrag	121 410.00	2 123 610.00	3 197 020.00

Aktiengesellschaft — 23 — Lösung 50

Erfolgsrechnung 20_3

Ertrag			
Ertrag Winter	354 022.00		
Ertrag Sommer	535 678.00	889 700.00	
Aufwand			
Personalaufwand	312 000.00		
Pachtaufwand	36 000.00		
Unterhalt und Reparaturen	28 301.00		
Versicherungsaufwand	22 400.00		
Energieaufwand	64 843.00		
Werbeaufwand	38 402.00		
Übriger Aufwand	44 390.00		
Abschreibung Sesselbahn	50 000.00		
Abschreibung Rutschbahn	40 000.00		
Abschreibung Pistenfahrzeuge	50 000.00		
Abschreibung Beschneiungsanlagen	35 000.00		
Abschreibung Pistenbeleuchtung	10 000.00		
Abschreibung diverse Anlagen	20 000.00		
Zinsaufwand	18 754.00	770 090.00	
Gewinn			**119 610.00**

Aktiengesellschaft — Lösung 50

Journal 20_3

Datum	Text	Beleg Nr.	Soll	Haben	Betrag
0	Eröffnungsbuchung Kasse		1000	9100	4 320.00
0	Eröffnungsbuchung Sesselbahn		1500	9100	950 000.00
0	Eröffnungsbuchung Rutschbahn		1501	9100	760 000.00
0	Eröffnungsbuchung Pistenfahrzeug		1502	9100	450 000.00
0	Eröffnungsbuchung Beschneiungsanl.		1503	9100	665 000.00
0	Eröffnungsbuchung Pistenbeleuchtung		1504	9100	190 000.00
0	Eröffnungsbuchung Diverse Anlagen		1505	9100	380 000.00
0	Eröffnungsbuchung Kreditoren		9100	2000	53 459.00
0	Eröffnungsbuchung Bank		9100	2100	401 861.00
0	Eröffnungsbuchung Darlehen		9100	2400	900 000.00
0	Eröffnungsbuchung Aktienkapital		9100	2800	2 000 000.00
0	Eröffnungsbuchung Gewinnvortrag		9100	2970	44 000.00
1	Verkauf Tageskarten Winter		1000	3000	281 622.00
2	Verkauf Tageskarten Carreisen		1100	3000	72 400.00
3	Debitorenzahlungen		2100	1100	68 900.00
4	Verkauf Billette Sommer		1000	3100	535 678.00
5	Einzahlungen Bank		2100	1000	818 100.00
6	Personalaufwand		5000	2100	312 000.00
7	Pachtaufwand		6050	2100	36 000.00
8	Bankzinsen		6900	2100	18 754.00
9	Reservenzuweisung		2970	2950	2 200.00
9	Dividendenzuweisung		2970	2260	40 000.00
10	Auszahlung Nettodividende		2260	2100	26 000.00
10	Verrechnungssteuer		2260	2206	14 000.00
11	Unterhalt und Reparaturen		6100	2000	28 301.00
12	Zahlung Verrechnungssteuer		2206	2100	14 000.00
13	Strom und Diesel		6400	2000	64 843.00
14	Kreditorenzahlungen		2000	2100	74 958.00
15	Versicherungsprämien		6300	2100	22 400.00
16	Rückzahlung Darlehen		2400	2100	100 000.00
17	Werbeaufwand		6600	2100	38 402.00
18	Diverser Aufwand		6700	2100	44 390.00
19	Abschreibung Sesselbahn		6800	1500	50 000.00
19	Abschreibung Rutschbahn		6801	1501	40 000.00
19	Abschreibung Pistenfahrzeuge		6802	1502	50 000.00
19	Abschreibung Beschneiungsanlage		6803	1503	35 000.00
19	Abschreibung Beleuchtungsanlage		6804	1504	10 000.00
19	Abschreibung diverse Anlagen		6805	1505	20 000.00
f)	Gewinnbuchung		9000	2970	119 610.00

24 Gesellschaft mit beschränkter Haftung

24.01

Schlussbilanz vor Gewinnverbuchung per 31. 12. 20_1

Aktiven				Passiven		
Umlaufvermögen			**Fremdkapital**			
Bank	30		Lieferantenkreditoren	140		
Debitoren	70		Hypothek	320	460	
Vorräte	90	190				
Anlagevermögen			**Eigenkapital**			
Mobilien	30		Stammkapital	400		
Maschinen	80		Gesetzl. Gewinnreserve	17		
Immobilien	600	710	Gewinnvortrag	3		
			Gewinn	**20**	440	
		900			900	

a)

Stammkapital

b)

Soll	Haben	Betrag
Erfolgsrechnung	Gewinnvortrag	20

Schlussbilanz nach Gewinnverbuchung per 31. 12. 20_1

Aktiven				Passiven		
Umlaufvermögen			**Fremdkapital**			
Bank	30		Lieferantenkreditoren	140		
Debitoren	70		Hypothek	320	460	
Vorräte	90	190				
Anlagevermögen			**Eigenkapital**			
Mobilien	30		Stammkapital	400		
Maschinen	80		Gesetzl. Gewinnreserve	17		
Immobilien	600	710	Gewinnvortrag	23	**440**	
		900			900	

GmbH　Lösung 01

c)
Gewinnverwendungsplan

Gewinnvortrag vor Gewinnverwendung	Fr.	23
./. Zuweisung an die gesetzliche Gewinnreserve	Fr.	– 1
./. Dividende 5%	Fr.	– 20
= Gewinnvortrag nach Gewinnverwendung	Fr.	2

d)
Ausschnitt aus Journal und Hauptbuch 20_2

Datum	Geschäftsfall	Buchungssatz	Kreditor VSt		Dividenden		Gesetzliche Gewinnreserve		Gewinnvortrag	
01. 01.	Eröffnungsbilanz	Diverse Buchungssätze						17		23
10. 04.	Reservenzuweisung	Gewinnvortrag/ Gesetzliche Gewinnreserve						1	1	
10. 04.	Dividendenzuweisung	Gewinnvortrag/ Dividenden				20			20	
13. 04.	Gutschrift der VSt	Dividenden Kreditor VSt		7	7					
13. 04.	Auszahlung der Nettodividende	Dividenden/ Bank			13					
12. 05.	Überweisung der VSt an die eidg. Steuerverwaltung	Kreditor VSt/ Bank	7							
12. 05.	Kontensalden nach Gewinnverwendung	Keine Buchungen, nur provisorische Saldenermittlung						18		2
			7	7	20	20	18	18	23	23

24

24.02

a) Das Stammkapital muss mindestens Fr. 20 000.– betragen.

b)
Gewinnverwendungsplan

	Gewinnvortrag vor Gewinnverwendung	111
./.	Zuweisung gesetzliche Gewinnreserve (5% von 100)	– 5
./.	Dividende (10% von 1000)	– 100
=	Neuer Gewinnvortrag	6

c)

Journal

Datum	Text	Buchung Soll	Haben	Betrag
27. 03. 20_2	Reservenzuweisung	Gewinnvortrag	Gesetzliche Gewinnreserve	5
27. 03. 20_2	Dividendenzuweisung	Gewinnvortrag	Dividenden	100
28. 03. 20_2	Gutschrift der Verrechnungssteuer	Dividenden	Kreditor VSt	35
28. 03. 20_2	Gutschrift Nettodividende D. Fluder	Dividenden	Kontokorrent Fluder	39
28. 03. 20_2	Gutschrift Nettodividende C. Meyer	Dividenden	Kontokorrent Meyer	26
25. 04. 20_2	Überweisung der VSt an die eidg. Steuerverwaltung	Kreditor VSt	Bank	35

d) Der Habenüberschuss beträgt 16. Das ist eine Schuld der GmbH gegenüber dem Gesellschafter Meyer.

e) Die flüssigen Mittel (Bank) reichen absolut nicht.

Die GmbH befindet sich in einem Liquiditätsengpass: Den bald fälligen Lieferantenkreditoren von 550 stehen nur flüssige Mittel von 15 und demnächst eingehende Debitorenforderungen von 175 gegenüber, was ohne Berücksichtigung der Kontokorrente der Gesellschafter einen Liquiditätsgrad 2 von 35% ergibt ([15 + 175] : 550 • 100%). Mehr zur Liquiditätsanalyse finden Sie im Buch von Leimgruber/Prochinig: Das Rechnungswesen als Führungsinstrument, Kapitel 23.

f)

Soll	Haben	Betrag
Kontokorrent Fidelio	Beteiligungsertrag	26
Debitor VSt	Beteiligungsertrag (oder Finanzertrag)	14

GmbH

24.03

Nr.	Frage	Einzelunternehmung	Kollektivgesellschaft
1	Aus welchen Positionen besteht das Eigenkapital in der Schlussbilanz nach Gewinnverbuchung?	Eigenkapital	Kapital Müller Kapital Meier Privat Müller Privat Meier
2	Mit welcher Buchung wird der Jahresgewinn auf das Eigenkapital übertragen (Gewinnverbuchung)?	Erfolgsrechnung/Eigenkapital	Erfolgsrechnung/Privat Müller Erfolgsrechnung/Privat Meier
3	Mit welchen Buchungen werden die Gewinnauszahlungen erfasst?	Privat/Flüssige Mittel	Privat Müller/Flüssige Mittel Privat Meier/Flüssige Mittel
4	Wie erfolgt die Besteuerung von Gewinn und Eigenkapital der Unternehmung?	Geschäfts- und Privateinkommen bzw. Geschäfts- und Privatvermögen des Unternehmers werden zusammengezählt und als Ganzes besteuert.	Geschäfts- und Privateinkommen bzw. Geschäfts- und Privatvermögen werden für jeden einzelnen Gesellschafter zusammengezählt und als Ganzes besteuert.
5	Weshalb unterliegen die einen Gewinnauszahlungen der Verrechnungssteuer und andere nicht?	Keine VSt, weil Geschäfts- und Privateinkommen zusammengezählt und als Ganzes besteuert werden.	Keine VSt, weil Geschäfts- und Privateinkommen für jeden einzelnen Gesellschafter zusammengezählt und als Ganzes besteuert werden.
6	Wie haften der Unternehmer bzw. die Gesellschafter für die Schulden ihrer Unternehmung?	Der Unternehmer haftet unbeschränkt mit seinem Privatvermögen.	Die Gesellschafter haften subsidiär, solidarisch unbeschränkt mit ihrem Privatvermögen.
7	Welche Personen (Unternehmer bzw. Gesellschafter) werden im Handelsregister mit Namen aufgeführt?	Der Unternehmer.	Die Kollektivgesellschafter.
8	Wie wird die Firma (= Firmenname) gebildet?	Familienname des Unternehmers.	Familiennamen aller Gesellschafter oder mindestens ein Familienname mit Zusatz, der die Rechtsform andeutet.

GmbH — Lösung 03

	GmbH
...nkapital ...tzliche Kapitalreserve ...tzliche Gewinnreserve ...illige Gewinnreserven ...nnvortrag	Stammkapital Gesetzliche Kapitalreserve Gesetzliche Gewinnreserve Freiwillige Gewinnreserven Gewinnvortrag
...gsrechnung/ ...nnvortrag	Erfolgsrechnung/ Gewinnvortrag
...nnvortrag/Dividenden ...denden/Kreditor VSt 35% ...denden/Flüssige Mittel 65%	Gewinnvortrag/Dividenden Dividenden/Kreditor VSt 35% Dividenden/Flüssige Mittel 65%
...AG und die Aktionäre werden getrennt besteuert, und es er- ...t eine Doppelbesteuerung: ▷ ...e AG zahlt Steuern auf dem Gewinn und dem Eigenkapital. ▷ ...e Aktionäre zahlen Steuern auf den Dividenden und dem ...rmögen (Wert der Aktien).	Die GmbH und die Gesellschafter werden getrennt besteuert, und es erfolgt eine Doppelbesteuerung: ▷ Die GmbH zahlt Steuern auf dem Gewinn und dem Eigenkapital. ▷ Die Gesellschafter zahlen Steuern auf den Dividenden und dem Vermögen (Wert der Stammanteile).
...Abzug, weil die AG eine eigene Rechtspersönlichkeit ...stische Person) aufweist und getrennt von den Aktionären ...teuert wird.	VSt-Abzug, weil die GmbH eine eigene Rechtspersönlichkeit (juristische Person) aufweist und getrennt von den Gesellschaftern besteuert wird.
...die Schulden haftet nur das Vermögen der AG, und die ...ellschafter (Aktionäre) haften nicht mit ihrem Privatvermögen.	Für die Schulden haftet nur das Vermögen der GmbH, und die Gesellschafter haften nicht mit ihrem Privatvermögen.
...ne. (Die Namen der Aktionäre werden grundsätzlich nicht ...öffentlicht.)	Die Gesellschafter.
...e Wahl. Immer mit Zusatz AG.	Freie Wahl. Immer mit Zusatz GmbH.

24.04

Fehler 1

Der Firmennamen muss das Wort **GmbH** enthalten.

Fehler 2

Das Stammkapital muss mindestens Fr. 20 000.– betragen.

Fehler 3

Die ordentliche Gesellschafterversammlung muss innerhalb von sechs Monaten nach Abschluss des Geschäftsjahres einberufen werden.

Fehler 4

Die Zuweisung an die gesetzliche Gewinnreserve muss 5% (Fr. 1 000.–) betragen. Hier wurden nur 4% (Fr. 800.–) zugewiesen.

Fehler 5

Die Verrechnungssteuer von 35% der Dividendenausschüttung wurde nicht verbucht. Buchungssatz: Dividenden/Kreditor VSt Fr. 3 500.–.

Den Gesellschaftern ist entsprechend weniger Dividende gutzuschreiben:
Meier Fr. 5 200.–, Müller Fr. 1 300.–.

25 Abschreibungen

25.01

Buchstabe	Aktivum	Häufigste Entwertungsursachen
a)	Kassabestände in fremder Währung	Sinkende Wechselkurse
b)	Debitoren	Zahlungsunfähigkeit der Kunden
c)	Milchkühe	Alter, abnehmende Milchmenge
d)	Mobiliar	Abnützung, Mode
e)	Vorräte (hier Getreide)	Verderb (z.B. Lebensmittel, Arzneien), Mode (z.B. Kleider)
f)	Ölfeld	Ausbeutung
g)	Maschine	Abnützung, technischer Fortschritt
h)	Patent	Ablauf des Patentschutzes
i)	EDV-Anlagen	Technologischer Fortschritt
k)	Wertpapiere	Sinkende Börsenkurse
l)	Fussballer	Verletzungen, macht keine Goals mehr, Vertragsablauf
m)	Fahrzeuge	Abnützung, Mode, technischer Fortschritt, Unfälle

Abschreibungen

25.02

a) Käufe werden zum Anschaffungswert verbucht. Der Buchungssatz lautet:
Maschinen/Kreditoren Fr. 200 000.–

b) Die Aktiven (Anlagevermögen) nehmen ab. Der Aufwand nimmt zu, sodass der Erfolg kleiner wird.

c) ▷ Anschaffungswert
   ▷ Nutzungsdauer
   ▷ Liquidationswert am Ende der Nutzungsdauer

d) Abschreibungssatz = 100% : 5 Jahre = 20% p.a.

e)

Lineare Abschreibung: Abschreibungssatz = 20% des Anschaffungswertes

Jahr	Buchwert Anfang Jahr	Abschreibungsbetrag	Buchwert Ende Jahr
1	Fr. 200 000.–	20% von Fr. 200 000.– = Fr. 40 000.–	Fr. 160 000.–
2	Fr. 160 000.–	20% von Fr. 200 000.– = Fr. 40 000.–	Fr. 120 000.–
3	Fr. 120 000.–	20% von Fr. 200 000.– = Fr. 40 000.–	Fr. 80 000.–
4	Fr. 80 000.–	20% von Fr. 200 000.– = Fr. 40 000.–	Fr. 40 000.–
5	Fr. 40 000.–	20% von Fr. 200 000.– = Fr. 40 000.–	Fr. 0.–

f)

Degressive Abschreibung: Abschreibungssatz = 40% des Buchwertes

Jahr	Buchwert Anfang Jahr	Abschreibungsbetrag	Buchwert Ende Jahr
1	Fr. 200 000.–	40% von Fr. 200 000.– = Fr. 80 000.–	Fr. 120 000.–
2	Fr. 120 000.–	40% von Fr. 120 000.– = Fr. 48 000.–	Fr. 72 000.–
3	Fr. 72 000.–	40% von Fr. 72 000.– = Fr. 28 800.–	Fr. 43 200.–
4	Fr. 43 200.–	40% von Fr. 43 200.– = Fr. 17 280.–	Fr. 25 920.–
5	Fr. 25 920.–	40% von Fr. 25 920.– = Fr. 10 368.–	Fr. 15 552.–

Abschreibungen — Lösung 02

g)

Buchwert Ende Jahr in Fr.

[Diagramm: lineare Abschreibung und degressive Abschreibung über 5 Jahre, Startwert 200'000]

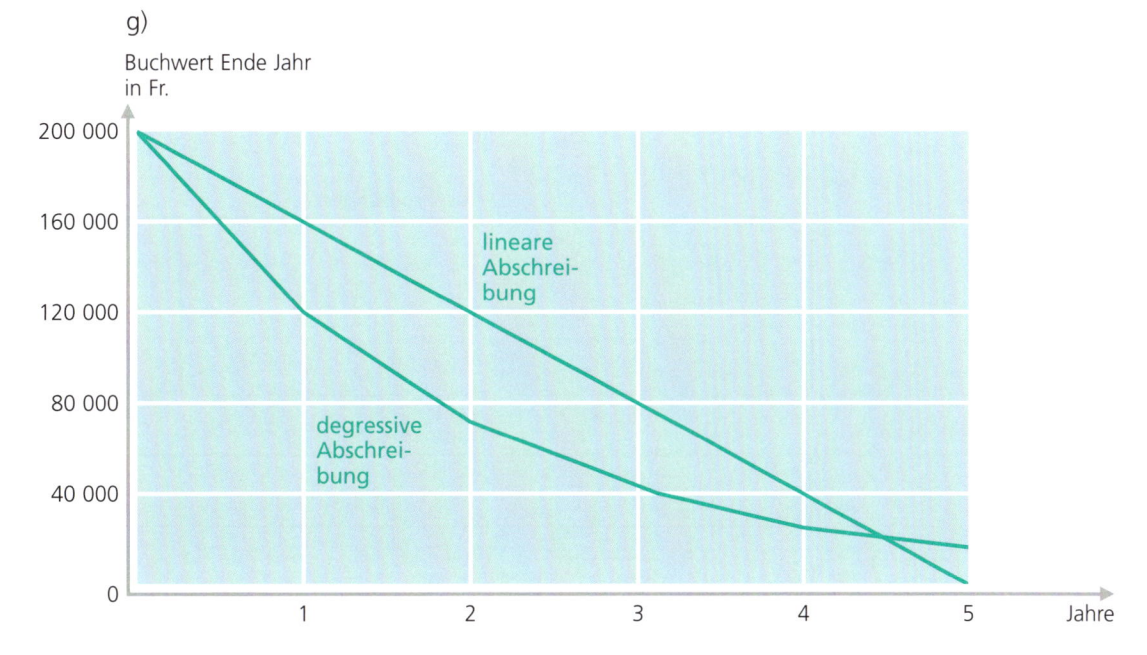

h) Ab dem dritten Jahr (lineare Abschreibung = Fr. 40000.–, degressive Abschreibung = Fr. 28800.–)

i) Da die Bezugsgrösse (Buchwert) immer kleiner wird, muss ein höherer Prozentsatz gewählt werden, damit bis Ende der Nutzungsdauer etwa gleich viel abgeschrieben ist. Rein rechnerisch ist dies in den meisten Fällen der doppelte Prozentsatz. Diese Lösung entspricht auch der gängigen Praxis im Steuerrecht.

k) Da der Buchwert der Maschine am Ende der Nutzungsdauer Fr. 0.– betragen muss, wird man in der Praxis im fünften Jahr eine grössere Abschreibung vornehmen. Hier müsste der Abschreibungsbetrag im fünften Jahr Fr. 25920.– betragen.

l) Die Wahl des Verfahrens hängt von verschiedenen Überlegungen ab:
  ▷ Ursache der Abschreibung: Oft verlieren Sachanlagen am Anfang der Nutzung rascher an Wert (zum Beispiel Fahrzeuge). Die degressive Abschreibung trägt diesem Umstand besser Rechnung.
  ▷ Steuerplanung: Die Abschreibungen gelten bei den Steuern als abzugsfähiger Aufwand. Oft wählen Unternehmungen deshalb die degressive Abschreibung, um den steuerbaren Gewinn möglichst rasch zu vermindern (allerdings mit dem Nachteil, dass die Abschreibungen in den Folgejahren entsprechend kleiner sind).
  ▷ Kalkulation: Hier werden die Abschreibungskosten meist gleichmässig auf die Nutzungsdauer verteilt, wofür die lineare Abschreibung geeignet ist.

Daraus lässt sich schliessen, dass die Wahl des Abschreibungsverfahrens von der konkreten Problemstellung abhängt.

Abschreibungen 25

25.03

a) Direkte Abschreibung

1. Jahr

Fahrzeug				Abschreibungen			
A	80 000		25 000		25 000	S	25 000
		S	55 000				
	80 000		80 000				

Schlussbilanz 31. 12. 20_1			Erfolgsrechnung 20_1		
Fahrzeug	55 000		Abschreibung	25 000	

2. Jahr

Fahrzeug				Abschreibungen			
A	55 000		25 000		25 000	S	25 000
		S	30 000				
	55 000		55 000				

Schlussbilanz 31. 12. 20_2			Erfolgsrechnung 20_2		
Fahrzeug	30 000		Abschreibung	25 000	

3. Jahr

Fahrzeug				Abschreibungen			
A	30 000		25 000		25 000	S	25 000
		S	5 000				
	30 000		30 000				

Schlussbilanz 31. 12. 20_3			Erfolgsrechnung 20_3		
Fahrzeug	5 000		Abschreibung	25 000	

Abschreibungen — Lösung 03

b) Indirekte Abschreibung

1. Jahr

Fahrzeug		Wertberichtigung Fahrzeug		Abschreibungen	
A 80 000	S 80 000	S 25 000	25 000	25 000	S 25 000

Schlussbilanz 31. 12. 20_1

Fahrzeug 80 000
./. Wertberichtigung − 25 000   55 000

Erfolgsrechnung 20_1

Abschreibung 25 000

2. Jahr

Fahrzeug		Wertberichtigung Fahrzeug		Abschreibungen	
A 80 000	S 80 000		A 25 000	25 000	S 25 000
		S 50 000	25 000		
		50 000	50 000		

Schlussbilanz 31. 12. 20_2

Fahrzeug 80 000
./. Wertberichtigung − 50 000   30 000

Erfolgsrechnung 20_2

Abschreibung 25 000

3. Jahr

Fahrzeug		Wertberichtigung Fahrzeug		Abschreibungen	
A 80 000	S 80 000		A 50 000	25 000	S 25 000
		S 75 000	25 000		
		75 000	75 000		

Schlussbilanz 31. 12. 20_3

Fahrzeug 80 000
./. Wertberichtigung − 75 000   5 000

Erfolgsrechnung 20_3

Abschreibung 25 000

Abschreibungen 25

25.04

a) Direkte Abschreibung

Datum	Geschäftsfall	Buchungssatz	Maschinen		Abschreibungen	
01.01.20_1	Eröffnung					
		Maschinen/Bilanz	200			
23.04.20_1	Kauf					
		Maschinen/Kreditoren	100			
17.11.20_1	Verkauf					
		Kasse/Maschinen		10		
31.12.20_1	Abschreibung					
		Abschreibungen/Maschinen		50	50	
31.12.20_1	Abschluss					
		Diverse		240		50
			300	300	50	50

b) Indirekte Abschreibung

Datum	Geschäftsfall	Buchungssatz	Maschinen		Wertberichtigung Maschinen		Abschreibungen	
01.01.20_1	Eröffnung							
		Diverse	600			400		
23.04.20_1	Kauf							
		Maschinen/Kreditoren	100					
17.11.20_1	Verkauf							
		Kasse/Maschinen		10				
	Ausgleich Wertberichtigung	WB Maschinen/Maschinen		70	70			
31.12.20_1	Abschreibung	Abschreibungen/ WB Maschinen				50	50	
31.12.20_1	Abschluss							
		Diverse		620	380			50
			700	700	450	450	50	50

25.05

Datum	Text	Buchungssatz	Fahrzeug		WB Fahrzeug		Abschreibungen	
01.01.20_4	Eröffnung							
		Fahrzeug/Bilanz	340					
		Bilanz/WB Fahrzeug				150		
31.12.20_4	Abschreibung							
		Abschreibung/WB Fahrzeug				50	50	
31.12.20_4	Abschluss							
		Bilanz/Fahrzeug		340				
		WB Fahrzeug/Bilanz			200			
		ER/Abschreibungen						50
			340	340	200	200	50	50

Abschreibungen

25.06

a) Direkte Abschreibung

Datum	Geschäftsfall	Buchungssatz	Maschinen		Abschreibungen	
01. 01. 20_4	Eröffnung	Maschinen/Bilanz	500			
03. 06. 20_4	Kauf	Maschinen/Kreditoren	130			
10. 10. 20_4	Verkauf	Kasse/Maschinen		14		
	Veräusserungsgewinn	Maschinen/Abschreibungen①	4			4
31. 12. 20_4	Abschreibung	Abschreibungen/Maschinen		80	80	
31. 12. 20_4	Abschluss	Diverse		540		76
			634	634	80	80

b) Indirekte Abschreibung

Datum	Geschäftsfall	Buchungssatz	Maschinen		Wertberichtigung Maschinen		Abschreibungen	
01. 01. 20_4	Eröffnung	Diverse	800			300		
03. 06. 20_4	Kauf	Maschinen/Kreditoren	130					
10. 10. 20_4	Verkauf②	Kasse/Maschinen		14				
	Veräusserungsgewinn	WB Maschinen/Abschreibungen①			4			4
	Ausgleich Wertberichtigung	WB Maschinen/Maschinen		86	86			
31. 12. 20_4	Abschreibung	Abschreibungen/WB				80	80	
31. 12. 20_4	Abschluss	Diverse		830	290			76
			930	930	380	380	80	80

① Der Veräusserungsgewinn wurde hier als Aufwandsminderung im Konto Abschreibungen verbucht. Er wird in der Praxis manchmal als ausserordentlicher Ertrag erfasst.

② Der Verkauf mit Veräusserungsgewinn führt mit folgenden Buchungen zum selben Ergebnis, ist aber methodisch weniger empfehlenswert:
  ▷ Kasse/Maschinen 14
  ▷ Maschine/Abschreibungen 4
  ▷ Wertberichtigung Maschinen/Maschinen 90

Abschreibungen

25.07

Journal und Konten zu 25.07

Datum	Text	Buchungssatz	Fahrzeug		WB Fahrzeug		Abschrei-bungen	
01. 01. 20_2	Eröffnung							
		Fahrzeug/Bilanz	80					
		Bilanz/WB Fahrzeug				20		
31. 12. 20_2	Abschreibung	Abschreibung/WB Fahrzeug				15	15	
31. 12. 20_2	Abschluss	Bilanz/Fahrzeug		80				
		WB Fahrzeug/Bilanz			35			
		ER/Abschreibungen						15
			80	80	35	35	15	15

Abschreibungen 25

25.08
Direkte Abschreibung

Datum	Geschäftsfall	Buchungssatz	Fahrzeuge		Abschrei-bungen	
01.01.20_7	Eröffnung	Diverse	300			
26.08.20_7	Kauf	Fahrzeuge/Kreditoren	90			
11.11.20_7	Verkauf	Kasse/Fahrzeuge		20		
	Veräusserungs-verlust	Abschreibungen[1]/Fahrzeuge		10	10	
31.12.20_7	Abschreibung	Abschreibungen/Fahrzeuge		80	80	
31.12.20_7	Abschluss	Diverse		280		90
			390	390	90	90

Indirekte Abschreibung

Datum	Geschäftsfall	Buchungssatz	Fahrzeuge		Wertberichti-gung Fahrzeuge		Abschrei-bungen	
01.01.20_7	Eröffnung	Diverse	700			400		
26.08.20_7	Kauf	Fahrzeuge/Kreditoren	90					
11.11.20_7	Verkauf[2]	Kasse/Fahrzeuge		20				
	Veräusserungs-verlust	Abschreibungen[1]/ WB Fahrzeuge				10	10	
	Ausgleich Wertberichtigung	WB Fahrzeuge/ Fahrzeuge		60	60			
31.12.20_7	Abschreibung	Abschreibungen/ WB Fahrzeuge				80	80	
31.12.20_7	Abschluss	Diverse		710	430			90
			790	790	490	490	90	90

---

[1] Der Veräusserungsverlust wurde hier als zusätzlicher Aufwand im Konto Abschreibungen verbucht. Er wird in der Praxis manchmal als ausserordentlicher Aufwand erfasst.

[2] Buchungsvariante zum Veräusserungsverlust:
  ▷ Kasse/Fahrzeuge 20
  ▷ Abschreibungen/Fahrzeuge 10
  ▷ WB Fahrzeuge/Fahrzeuge 50

Abschreibungen 25

25.09

a) Abschreibungen / Wertberichtigung Maschine   24 000

b)

Schlussbilanz per 31. 12. 20_3

Aktiven			Passiven
...			
Maschine	150 000		
./. WB Maschine	– 72 000	78 000	
...			

25.10

Aufgabe	Soll	Haben	Betrag
a)	Kasse	Fahrzeuge	10 000
b)	Kasse	Fahrzeuge	7 000
	Abschreibungen[1]	Fahrzeuge	3 000
c)	Kasse	Fahrzeuge	12 000
	Fahrzeuge	Abschreibungen[2]	2 000

---

[1] Oder: ausserordentlicher Aufwand.

[2] Oder: ausserordentlicher Ertrag.

Abschreibungen 25

25.11

a)

Text	Soll	Haben	Betrag
Verkaufserlös	Kasse	Fahrzeug	25 000
Veräusserungsverlust	Abschreibungen①	Fahrzeug	5 000

	Fahrzeug		Abschreibungen	
Eröffnung	30 000			
Verkaufserlös		25 000		
Zusatzabschreibung		5 000	5 000	
Salden				5 000
	30 000	30 000	5 000	5 000

b)

Text	Soll	Haben	Betrag
Verkaufserlös	Kasse	Fahrzeug	25 000
Veräusserungsverlust	Abschreibungen①	Wertberichtigung Fahrzeug	5 000
Ausbuchung Wertberichtigung	Wertberichtigung Fahrzeug	Fahrzeug	55 000

	Fahrzeug		WB Fahrzeug		Abschreibungen	
Eröffnung	80 000			50 000		
Verkaufserlös		25 000				
Zusatzabschreibung				5 000	5 000	
Ausbuchung WB		55 000	55 000			
Salden						5 000
	80 000	80 000	55 000	55 000	5 000	5 000

oder (weniger empfehlenswert):

Text	Soll	Haben	Betrag
Verkaufserlös	Kasse	Fahrzeug	25 000
Veräusserungsverlust	Abschreibungen①	Fahrzeug	5 000
Ausbuchung Wertberichtigung	Wertberichtigung Fahrzeug	Fahrzeug	50 000

① Oder: ausserordentlicher Aufwand.

Abschreibungen

25.12

a)

Schlussbilanz 31. 12. 20_3 (direkte Abschreibung)

Aktiven		Passiven
Maschinen	300	

Schlussbilanz 31. 12. 20_3 (indirekte Abschreibung)

Aktiven			Passiven
Maschinen	540		
./. Wertberichtigung	– 240	300	

b)

Direkte Abschreibung
Abschreibungen/Maschinen 30

Indirekte Abschreibung
Abschreibungen/WB Maschinen 30

c)

Bei direkter Abschreibung ist in der Bilanz nur der Buchwert sichtbar. Bei indirekter Abschreibung werden zusätzlich der Anschaffungswert sowie die kumulierten Abschreibungen angegeben (was zum Beispiel einen Schluss auf das Alter der Maschinen zulässt).

d) Kreuzen Sie an, ob die folgenden Aussagen richtig oder falsch sind:

Nr.	Aussagen (Beträge in Fr. 1000.–)	Richtig	Falsch
1	Ende 20_5 betrug der Buchwert der Anlagen 290.	X	
2	Im Jahr 20_5 betrugen die Abschreibungen 20.		X
3	Im Jahr 20_4 ist mindestens eine zusätzliche Maschine gekauft worden.	X	
4	Ende 20_4 betrug der Buchwert der Anlagen 270.		X
5	Beim Verkauf einer Maschine im Jahr 20_4 entstand ein Verlust von 30.		X
6	Im Jahre 20_5 ist mindestens eine nicht mehr benötigte Maschine verkauft worden.	X	
7	In der Schlussbilanz vom 31. 12. 20_3 wurden die Maschinen mit 300 aufgeführt, sofern in der Finanzbuchhaltung direkt abgeschrieben wird.	X	
8	Aufgrund dieser Zahlen lässt sich nicht zweifelsfrei feststellen, ob in dieser Unternehmung linear oder degressiv abgeschrieben wird.	X	

Abschreibungen 25

25.13

Nr.	Text	Buchungssatz	Kreditoren	
1	Die Rechnung für den Kauf einer Maschine aus den USA von USD 20 000.– wird zum Kurs von CHF 0.90/USD verbucht.	Maschinen / Kreditoren		18 000
2	Die Rechnung wird zwei Monate später mittels Banküberweisung von USD 20 000.– bezahlt. Die Bank belastet den Betrag zum Kurs von CHF 0.88/USD.	Kreditoren / Bank	17 600	
3	Verbuchung der Kursdifferenz	Kreditoren / Maschinen	400	
			18 000	18 000

25.14

Nr.	Text	Buchungssatz	Kreditoren	
1	Die Rechnung für den Kauf eines Spezialfahrzeugs aus Frankreich von EUR 50 000.– wird zum Kurs von CHF 1.20/EUR verbucht.	Fahrzeuge / Kreditoren		60 000
2	Der Lieferant gewährt nachträglich einen Rabatt von 4%. Die Gutschrift ist zum Kurs von CHF 1.20/EUR zu verbuchen.	Kreditoren / Fahrzeuge	2 400	
3	Die Rechnung wird nach 30 Tagen per Bank unter Anwendung eines Tageskurses von CHF 1.30/EUR beglichen.	Kreditoren / Bank	62 400	
4	Verbuchung der Kursdifferenz	Fahrzeuge / Kreditoren		4 800
			64 800	64 800

25.15

Text	Soll	Haben	Betrag
Rechnung	Werkzeuge (Anlagevermögen)	Kreditoren	12 700
Zahlung	Kreditoren	Bank	12 200
Kursgewinn	Kreditoren	Werkzeuge (Anlagevermögen)	500

Abschreibungen 25

25.16

a)

Text	Soll	Haben	Betrag
Storno der Falschbuchung	Einrichtungen	Abschreibungen	5 000
Richtige Buchung	Abschreibungen	WB Einrichtungen	5 000

b)

Text	Soll	Haben	Betrag
Korrekturbuchung	Einrichtungen	WB Einrichtungen	5 000

25.17

a)

Text	Soll	Haben	Betrag
Verkaufserlös	Kasse	Fahrzeuge	150 000
Ausbuchung Wertberichtigung	WB Fahrzeuge	Fahrzeuge	250 000

b)

Text	Soll	Haben	Betrag
Verkaufserlös	Kasse	Fahrzeuge	170 000
Veräusserungsgewinn	WB Fahrzeuge	Abschreibungen[1]	20 000
Ausbuchung Wertberichtigung	WB Fahrzeuge	Fahrzeuge	230 000

oder:

Text	Soll	Haben	Betrag
Verkaufserlös	Kasse	Fahrzeuge	170 000
Veräusserungsgewinn	Fahrzeuge	Abschreibungen[1]	20 000
Ausbuchung Wertberichtigung	WB Fahrzeuge	Fahrzeuge	250 000

[1] Oder: ausserordentlicher Ertrag.

Abschreibungen

Lösung 17

c)

Text	Soll	Haben	Betrag
Verkaufserlös	Kasse	Fahrzeuge	110 000
Veräusserungsverlust	Abschreibungen[1]	WB Fahrzeuge	40 000
Ausbuchung Wertberichtigung	WB Fahrzeuge	Fahrzeuge	290 000

oder:

Text	Soll	Haben	Betrag
Verkaufserlös	Kasse	Fahrzeuge	110 000
Veräusserungsverlust	Abschreibungen[1]	Fahrzeuge	40 000
Ausbuchung Wertberichtigung	WB Fahrzeuge	Fahrzeuge	250 000

25.18

a)

Journal und Konten 20_3 (in Fr. 1000.–)

Datum	Text	Buchungssatz	Maschine		WB Maschine		Abschrei-bungen	
01. 01.	Eröffnung							
		Maschine/Bilanz	340					
		Bilanz/WB Maschine				100		
31. 12.	Abschreibung	Abschreibungen/ WB Maschine				50	50	
31. 12.	Abschluss	Bilanz/Maschine		340				
		WB Maschine/Bilanz			150			
		ER/Abscheibungen						50
			340	340	150	150	50	50

b)

Schlussbilanz per 31. 12. 20_3 (in Fr. 1000.–)

Aktiven			Passiven
...			
Maschine	340		
./. WB Maschine	– 150	190	
...			

---

[1] Oder: ausserordentlicher Aufwand.

Abschreibungen 25

25.19

a)

Abschreibungen/Fahrzeuge Fr. 16 000.–
(Der Abschreibungssatz beträgt 20%, der insgesamt abzuschreibende Betrag Fr. 80 000.–.)

b)

Eröffnungsbilanz 1. 1. 20_3

Aktiven   Passiven

Fahrzeuge	100 000	
./. Wertberichtigung	– 32 000	68 000

c)

Datum	Geschäftsfall	Buchungssatz	Fahrzeuge		WB Fahrzeuge		Abschreibungen	
01. 01. 20_3	Eröffnung	Diverse	100 000			32 000		
31. 12. 20_3	Abschreibung	Abschreibung/ WB Fahrzeuge				16 000	16 000	
31. 12. 20_3	Abschluss	Diverse		100 000	48 000			16 000
			100 000	100 000	48 000	48 000	16 000	16 000

d)

Kasse/Fahrzeuge	Fr. 18 000.–
Abschreibungen[1]/Fahrzeuge	Fr. 2 000.–

---

[1] Oder: ausserordentlicher Aufwand.

Abschreibungen 25

25.20

Nr.	Frage	Lineare Abschreibung (Abschreibungssatz 20%)	Degressive Abschreibung (Abschreibungssatz 40%)
1	Auf welche Werte beziehen sich die genannten Abschreibungssätze?	Immer auf den Anschaffungswert.	Immer auf den Buchwert (wobei im 1. Jahr der Buchwert dem Anschaffungswert entspricht).
2	Wie hoch ist der Abschreibungsbetrag im 2. Jahr?	Fr. 40 000.–	Fr. 48 000.–
3	Weshalb werden die Verfahren linear bzw. degressiv genannt?	Weil der Abschreibungsbetrag von Jahr zu Jahr gleich bleibt, sodass die Entwertung der Anlage grafisch als Linie erscheint.	Weil der Abschreibungsbetrag von Jahr zu Jahr abnimmt.
4	Wie lautet der Buchungssatz mit Betrag für die Abschreibung im 2. Jahr, wenn direkt abgeschrieben wird?	Abschreibung/ Maschinen 40 000	Abschreibung/ Maschinen 48 000
5	Wie lautet der Buchungssatz mit Betrag für die Abschreibung im 2. Jahr, wenn indirekt abgeschrieben wird?	Abschreibung/Wertberichtigung Maschinen 40 000	Abschreibung/Wertberichtigung Maschinen 48 000
6	Wie hoch muss der Abschreibungsbetrag im 5. Jahr sein, damit am Ende der Nutzungsdauer ein Buchwert von Null erreicht wird?	Fr. 40 000.–	Fr. 25 920.–
7	Welches ist der wichtigste Vorteil jeder Methode?	Die lineare Abschreibungsmethode ist einfach und dann angezeigt, wenn sich eine Anlage gleichmässig entwertet.	Die rechnerisch anspruchsvollere degressive Methode trägt dem Umstand besser Rechnung, dass sich viele Sachgüter in den ersten Jahren des Gebrauchs stärker entwerten als in späteren Jahren. Eine degressive Abschreibung kann auch aus steuerlichen Überlegungen von Vorteil sein, weil die Abschreibung rascher erfolgt.

Abschreibungen

25.21

Nr.	Frage	Direkte Abschreibung	Indirekte Abschreibung
1	Welche Buchung ergibt sich beim Barkauf?	Fahrzeug/Liquide Mittel 500 000	Fahrzeuge/Liquide Mittel 500 000
2	Wie lautet die Sollbuchung mit Betrag für die Abschreibung im 4. Jahr?	Abschreibungen 80 000 (Aufwand)	Abschreibungen 80 000 (Aufwand)
3	Wie lautet die Habenbuchung mit Betrag für die Abschreibung im 4. Jahr?	Fahrzeuge 80 000 (Aktiven)	Wertberichtigung Fahrzeuge 80 000 (Minus-Aktiven)
4	Weshalb heissen die Abschreibungstechniken direkt bzw. indirekt?	Weil die Wertverminderung direkt auf dem Aktivkonto ausgebucht wird.	Weil die Wertverminderung indirekt auf einem Wertberichtigungskonto verbucht wird.
5	Welche Informationen zum Reisebus enthält die Bilanz Ende 3. Jahr?	Buchwert Fr. 260 000.–	Anschaffungswert Fr. 500 000.– ./. Kumulierte Abschreibungen – Fr. 240 000.– = Buchwert Fr. 260 000.–
6	Welche Abschreibungsinformationen können der Erfolgsrechnung des 3. Jahres entnommen werden?	Abschreibungsaufwand Fr. 80 000.–	Abschreibungsaufwand Fr. 80 000.–
7	Welches ist der wichtigste Vorteil jeder Methode?	Die direkte Abschreibung ist einfacher.	Die indirekte Abschreibung ist informativer. Die Bilanz zeigt folgende Werte: ▷ den Anschaffungswert ▷ die kumulierten Abschreibungen ▷ den Buchwert

Abschreibungen 25

25.22

a)

Erfolgsrechnung

Aufwand		Ertrag	
Diverser Baraufwand wie Löhne, Diesel, Öl, Reifen, Service, Reparaturen und Unterhalt, Steuern, Versicherungen, Reinigung, Abgaben	50 000	Transportertrag bar	60 000
Abschreibungen (linear)	6 000		
Gewinn	4 000		
	60 000		60 000

b)

Datum	Geschäftsfall	Buchungssatz	Kasse 20_1		Kasse 20_2		Kasse 20_3	
01. 01.	Anfangsbestand	Kasse/Bilanz	0		10 000		20 000	
Diverse	Transporterträge bar	Kasse/Transportertrag	60 000		60 000		60 000	
Diverse	Baraufwände	Diverser Aufwand/Kasse		50 000		50 000		50 000
31. 12.	Abschluss	Bilanz/Kasse		10 000		20 000		30 000
			60 000	60 000	70 000	70 000	80 000	80 000

c) Fr. 10 000.– (Der Schlussbestand im Kassakonto steigt jeweils um Fr. 10 000.– pro Jahr.)

d)

Cashflow-Berechnung

Direkte Berechnung

Einnahmen	60 000
./. Ausgaben	– 50 000
= Cashflow	10 000

Indirekte Berechnung

Gewinn	4 000
+ Abschreibungen	6 000
= Cashflow	10 000

Abschreibungen — Lösung 22

e) Fr. 30 000.– (3 Jahre zu Fr. 10 000.– oder von Fr. 0.– auf Fr. 30 000.–)

f) Der aus der Geschäftstätigkeit insgesamt erarbeitete Geldbetrag beläuft sich auf Fr. 30 000.– (siehe Frage e).

▷ Die Gewinne von Fr. 12 000.– (3 Jahre zu Fr. 4 000.–) kann sich H. Haller auszahlen lassen.

▷ Die restlichen Fr. 18 000.– entsprechen den getätigten Abschreibungen (3 Jahre zu Fr. 6 000.–). Wenn H. Haller noch das alte Fahrzeug zum Liquidationswert von Fr. 2 000.– veräussert, stehen Fr. 20 000.– Bargeld für den Kauf eines neuen Fahrzeugs zur Verfügung. Damit kann der Busbetrieb weitergeführt werden.

Abschreibungen 25

25.23

Journal und Konten (in Fr. 1000.–)

Datum	Text	Buchungssatz	Fahrzeuge		WB Fahrzeuge		Abschreibungen	
01. 01.	Eröffnung							
		Fahrzeuge/Bilanz	700					
		Bilanz/WB Fahrzeuge				400		
14. 01.	Kauf Fahrzeug							
		Fahrzeuge/Kasse	150					
18. 01.	Verkauf Fahrzeug							
		Kasse/Fahrzeuge		14				
	Veräusserungsgewinn	WB Fahrzeuge/Abschreibungen①				4		4
	Ausbuchung WB	WB Fahrzeuge/Fahrzeuge		56	56			
13. 02.	Kauf Fahrzeug	Fahrzeuge/Kreditoren②	100					
	Barzahlung	Kreditoren/Kasse 90						
	Anrechnung (Gutschrift) für altes Fahrzeug	Kreditoren/Fahrzeuge		10				
	Veräusserungsverlust altes Fahrzeug	Abschreibungen③/WB Fahrzeuge				2	2	
	Ausbuchung WB altes Fahrzeug	WB Fahrzeuge/Fahrzeuge		70	70			
31. 12.	Abschreibung Fahrzeuge	Abschreibungen/WB Fahrzeuge				160	160	
31. 12.	Abschluss	Bilanz/Fahrzeuge		800				
		WB Fahrzeuge/Bilanz			432			
		ER/Abschreibungen						158
			950	950	562	562	162	162

① Oder: ausserordentlicher Ertrag.

② In der Praxis wird die beim Kauf ausgestellte Rechnung über Kreditoren gebucht, auch wenn sie sofort bezahlt wird. So kann die Abwicklung des Kaufs später anhand des Kreditoren-Kontos jederzeit nachvollzogen werden.

③ Oder: ausserordentlicher Aufwand.

Abschreibungen 25

25.24

a)

Text	Soll	Haben	Betrag
Lieferantenrechnung	Maschinen	Kreditoren	52 000
Bankzahlung	Kreditoren	Bank	48 000
Kursgewinn	Kreditoren	Maschinen	4 000

b)

	Nettopreis für Maschine	48 000.–
+	Transport	2 000.–
+	Montage	1 000.–
=	Anschaffungswert	51 000.–

c)

Konten mit Text 20_2

Datum	Text	Maschine		WB Maschine		Abschreibungen	
01.01.	Eröffnung	51 000			12 000		
31.12.	Abschreibung				12 000	12 000	
31.12.	Abschluss		51 000	24 000			12 000
		51 000	51 000	24 000	24 000	12 000	12 000

d)

Text	Soll	Haben	Betrag
Faktura	Debitoren	Maschine	30 000
Bankzahlung	Bank	Debitoren	28 000
Kursverlust	Maschine	Debitoren	2 000
Veräusserungsgewinn	WB Maschine	Abschreibungen[1]	1 000
Ausbuchung Wertberichtigung	WB Maschine	Maschine	23 000

---

[1] Oder: ausserordentlicher Ertrag.

Der Betrag von 1000 ergibt sich aus der Differenz zwischen dem Buchwert der Maschine per 01.01.20_3 von 27000 (Anschaffungswert 51000 ./. kumulierte Abschreibungen für zwei Jahre 24000) und dem Verkaufserlös von 28000.

Zur besseren Übersicht empfiehlt es sich, die Konten Maschine und WB Maschine zu skizzieren (in Fr. 1000.–):

Maschine

Anfangsbestand	51	Faktura Verkauf	30
Kursverlust	2	Ausbuchung WB	23
	53		53

Wertberichtigung Maschine

Veräusserungsgewinn	1	Anfangsbestand	24
Ausbuchung WB	23		
	24		24

Abschreibungen

25.50

Schlussbilanz vor Gewinnverbuchung 31. 12. 20_8

Aktiven

Umlaufvermögen

Kasse	800.00		
Bank	38 600.00		
Debitoren	75 900.00		
Vorräte	15 800.00	131 100.00	

Anlagevermögen

Backofen	76 000.00		
Betriebseinrichtung	172 000.00		
Ladeneinrichtung	66 000.00		
Büroeinrichtung	8 500.00		
Fahrzeug	17 500.00		
Gebäude	494 000.00	834 000.00	965 100.00

Passiven

Fremdkapital

Kreditoren	70 900.00		
Kreditor VSt	0.00		
Dividenden	0.00		
Darlehen	200 000.00		
Hypothek	330 000.00	600 900.00	

Eigenkapital

Stammkapital	200 000.00		
Reserven	108 600.00		
Gewinnvortrag	1 000.00	309 600.00	910 500.00

Gewinn			**54 600.00**

Abschreibungen 25 — Lösung 50

Schlussbilanz nach Gewinnverbuchung 31. 12. 20_8

Aktiven

Umlaufvermögen

Kasse	800.00		
Bank	38 600.00		
Debitoren	75 900.00		
Vorräte	40 000.00	155 300.00	

Anlagevermögen

Backofen	76 000.00		
Betriebseinrichtung	172 000.00		
Ladeneinrichtung	66 000.00		
Büroeinrichtung	8 500.00		
Fahrzeug	17 500.00		
Gebäude	494 000.00	834 000.00	989 300.00

Passiven

Fremdkapital

Kreditoren	95 100.00		
Kreditor VSt	0.00		
Dividenden	0.00		
Darlehen	200 000.00		
Hypothek	330 000.00	625 100.00	

Eigenkapital

Stammkapital	200 000.00		
Reserven	108 600.00		
Gewinnvortrag	55 600.00	364 200.00	989 300.00

Abschreibungen

25 Lösung 50

Erfolgsrechnung 20_8

Ertrag		
Verkäufe Laden	805 000.00	
Verkäufe Geschäfte	440 600.00	1 245 600.00
Aufwand		
Materialverbrauch	531 000.00	
Personalaufwand	419 000.00	
Mietaufwand	48 000.00	
Unterhalt und Reparaturen	18 900.00	
Energieaufwand	33 600.00	
Werbeaufwand	23 800.00	
Übriger Aufwand	47 500.00	
Abschreibung Backofen	4 000.00	
Abschreibung Betriebseinrichtung	11 000.00	
Abschreibung Ladeneinrichtung	9 000.00	
Abschreibung Büroeinrichtung	3 000.00	
Abschreibung Fahrzeug	2 500.00	
Abschreibung Gebäude	13 000.00	
Zinsaufwand Darlehen	10 500.00	
Zinsaufwand Hypothek	16 200.00	1 191 000.00
Gewinn		**54 600.00**

Abschreibungen — Lösung 50

Journal 20_8

Datum	Text	Beleg Nr.	Soll	Haben	Betrag
0	Eröffnungsbuchung Kasse		1000	9100	5 300.00
0	Eröffnungsbuchung Bank		1020	9100	30 900.00
0	Eröffnungsbuchung Debitoren		1100	9100	65 800.00
0	Eröffnungsbuchung Vorräte		1210	9100	40 000.00
0	Eröffnungsbuchung Backofen		1500	9100	80 000.00
0	Eröffnungsbuchung Betriebseinrichtung		1501	9100	117 000.00
0	Eröffnungsbuchung Ladeneinrichtung		1510	9100	75 000.00
0	Eröffnungsbuchung Büroeinrichtung		1520	9100	8 000.00
0	Eröffnungsbuchung Fahrzeug		1530	9100	20 000.00
0	Eröffnungsbuchung Gebäude		1600	9100	507 000.00
0	Eröffnungsbuchung Kreditoren		9100	2000	59 400.00
0	Eröffnungsbuchung Darlehen		9100	2400	200 000.00
0	Eröffnungsbuchung Hypothek		9100	2451	360 000.00
0	Eröffnungsbuchung Stammkapital		9100	2800	200 000.00
0	Eröffnungsbuchung Reserven		9100	2950	96 600.00
0	Eröffnungsbuchung Gewinnvortrag		9100	2970	33 000.00
1	Verkauf Laden		1000	3000	805 000.00
2	Verkäufe an andere Geschäfte		1100	3100	440 600.00
3	Einzahlungen auf Bank		1020	1000	806 000.00
4	Debitorenzahlungen		1020	1100	430 500.00
5	Einkäufe und Verbrauch Rohmaterial		4000	2000	531 000.00
6	Kreditorenzahlungen		2000	1020	495 300.00
7	Personalaufwand		5000	1020	419 000.00
8	Reservenzuweisung		2970	2950	12 000.00
8	Dividendenzuweisung		2970	2260	20 000.00
9	Auszahlung Nettodividende		2260	1020	13 000.00
10	Gutschrift VSt		2260	2206	7 000.00
11	Miete		6000	1020	48 000.00
12	Zahlung VSt		2206	1020	7 000.00
13	Energieverbrauch		6400	1020	33 600.00
14	Unterhalt und Reparaturen		6100	1020	18 900.00
15	Kauf Teigmaschine		1501	1020	66 000.00
16	Rückzahlung Hypothek		2451	1020	30 000.00
17	Inserate, Prospekte		6600	1020	23 800.00
18	Kauf PC		1520	1000	3 500.00
19	Darlehenszinsen		6900	1020	10 500.00
20	Hypothekarzinsen		6940	1020	16 200.00
21	Diverser Aufwand		6700	1020	47 500.00
22	Abschreibung Backofen		6800	1500	4 000.00

25 Abschreibungen — Lösung 50

Journal 20_2

Datum	Text	Beleg Nr.	Soll	Haben	Betrag
22	Abschreibung Betriebseinrichtung		6801	1501	11 000.00
22	Abschreibung Ladeneinrichtung		6810	1510	9 000.00
22	Abschreibung Büroeinrichtung		6820	1520	3 000.00
22	Abschreibung Fahrzeug		6830	1530	2 500.00
22	Abschreibung Gebäude		6840	1600	13 000.00
23	Gewinnbuchung		9000	2970	54 600.00

Übersicht über das Anlagevermögen (Anlagenspiegel)

Anlage	Anschaffungswert	Nutzungsdauer	Abschreibung für 20_8
Backofen	120 000.–	30 Jahre	4 000.–
Betriebseinrichtung (Teigmaschine, Rundwirker, Teigteiler, Rührwerk, Siloanlage, Ausrollmaschine, Verpackungsmaschine, Gipfelimaschine, Kühlanlagen, Tische u. Ä.)	220 000.–	20 Jahre	11 000.–
Ladeneinrichtung (Korpus, Kühlanlagen, Gestelle, Registrierkasse u. Ä.)	135 000.–	15 Jahre	9 000.–
Büroeinrichtung (PC, Pult, Stühle, Regal u. Ä.)	15 000.–	5 Jahre	3 000.–
Fahrzeug (Toyota-Bus)	25 000.–	10 Jahre	2 500.–
Geschäftsliegenschaft	650 000.–	50 Jahre	13 000.–

25.51

25.52 Die Lösungen zu den Aufgaben finden Sie unter der gleichen Aufgaben-Nummer (separate Mappe) auf EasyAccounting.

26 Debitorenverluste, Delkredere

26.01

Vorgänge	Bilanz				Erfolgsrechnung	
1. Jahr	**Debitoren**		**Delkredere**		**Debitorenverluste**	
Bisheriger Geschäftsverkehr	910	600				
Debitor Carlen macht Konkurs. Der definitive Verlust beträgt 10.		10			10	
Bildung bzw. Erhöhung Delkredere Am Jahresende wird auf dem Debitorenbestand ein Delkredere von 5% gebildet.				15	15	
Salden		300	15			25
	910	910	15	15	25	25

Schlussbilanz		Erfolgsrechnung	
Debitoren 300			Debitorenverluste –25
./. Delkredere – 15 285			

Vorgänge	Bilanz				Erfolgsrechnung	
2. Jahr	**Debitoren**		**Delkredere**		**Debitorenverluste**	
Eröffnung	300			15		
Rechnungen an Kunden	600					
Zahlungen von Kunden		720				
Kundin Widmer macht Konkurs. Der definitive Verlust beträgt 20.		20			20	
Eine bereits abgeschriebene Forderung von 4 wird auf die Post überwiesen.						4
Senkung Delkredere Die mutmasslichen Verluste auf dem Debitorenbestand betragen 5%.			7			7
Salden		160	8			9
	900	900	15	15	20	20

Schlussbilanz		Erfolgsrechnung	
Debitoren 160			Debitorenverluste – 9
./. Delkredere – 8 152			

Debitorenverluste, Delkredere

26.02

Nr.	Geschäftsfall	Buchungssatz Soll	Haben	Betrag
1	Warenverkauf auf Kredit für Fr. 20 000.–.	Debitoren	Warenertrag	20 000.–
2	Debitor Zingg, gegen welchen wir die Betreibung eingeleitet haben, zahlt die Forderung von Fr. 1500.– auf unser Bankkonto.	Bank	Debitoren	1 500.–
3	Kundin Lehmann wird zum dritten Mal für die fällige Forderung von Fr. 2100.– gemahnt.	Keine Buchung		
4	Das Konkursverfahren gegen Debitor Kugler ist abgeschlossen. Von der ursprünglichen Forderung von Fr. 3 500.– erhalten wir noch Fr. 500.– als Konkursdividende auf die Post überwiesen. Die Restforderung ist abzuschreiben.	Post Debitorenverlust	Debitoren Debitoren	500.– 3 000.–
5	Die Forderung gegenüber Kunde Schnyder wurde dieses Jahr bereits abgeschrieben. Jetzt überweist er unverhofft Fr. 1200.– auf unser Bankkonto.	Bank	Debitorenverluste	1 200.–
6	Kundin Lehmann hat nicht auf die Mahnung geantwortet (vgl. Nr. 3). Wir leiten die Betreibung gegen sie ein und leisten bar einen Kostenvorschuss von Fr. 70.–.	Debitoren	Kasse	70.–
7	Auf verkauften Waren zahlen wir bar Transportkosten von Fr. 320.–. Es wurde Frankolieferung vereinbart.	Warenertrag	Kasse	320.–
8	Debitoren überweisen auf unser Postkonto Fr. 41 350.–.	Post	Debitoren	41 350.–
9	Von einem Kunden nehmen wir einen PC mit Drucker im Wert von Fr. 6 200.– an Zahlung.	Mobilien	Debitoren	6 200.–
10	Kundin Lehmann (vgl. Nr. 6) begleicht ihre Schulden durch Postüberweisung: Forderungsbetrag Fr. 2 100.– Kostenvorschuss Fr. 70.– Verzugszinsen Fr. 61.– Total Fr. 2 231.– (Die Verzugszinsen wurden noch nicht verbucht.)	Post Post oder: Debitoren Post	Debitoren Zinsertrag Zinsertrag Debitoren	2 170.– 61.– 61.– 2 231.–
11	Das Delkredere wird von Fr. 33 000.– auf Fr. 26 000.– herabgesetzt.	Delkredere	Debitorenverluste	7 000.–

Debitorenverluste, Delkredere 26

26.03

Jahr	Debitoren-bestand Ende Jahr	Delkredere in % des Debitoren-bestandes	Del-kredere in Fr.	Buchung Soll	Haben	Betrag
1	100 000.–	3%	3 000.–	Debitorenverluste	Delkredere	3 000.–
2	80 000.–	4%	3 200.–	Debitorenverluste	Delkredere	200.–
3	70 000.–	7%	4 900.–	Debitorenverluste	Delkredere	1 700.–
4	60 000.–	6%	3 600.–	Delkredere	Debitorenverluste	1 300.–
5	65 000.–	5%	3 250.–	Delkredere	Debitorenverluste	350.–
6	75 000.–	6%	4 500.–	Debitorenverluste	Delkredere	1 250.–

26.04

Nr.	Buchungssatz Soll	Haben	Geschäftsfall
1	Debitoren	Warenertrag	Warenverkauf auf Kredit
2	Debitoren	Zinsertrag	Einem säumigen Debitor werden Verzugszinsen belastet.
3	Erfolgsrechnung	Debitorenverluste	Übertrag des Saldos Debitorenverluste auf die Erfolgsrechnung
4	Debitoren	Post	Postzahlung des Kostenvorschusses für die Einleitung der Betreibung. Belastung des Debitors
5	Warenertrag	Debitoren	Einem Debitor wird Rabatt oder Skonto gewährt, oder mangelhafte Ware wird zurückgenommen.
6	Bank	Debitoren	Von einem konkursiten Debitor erhalten wir eine Restzahlung auf die Bank überwiesen.
	Debitorenverluste	Debitoren	Der Rest der Forderung wird abgeschrieben.
7	Post	Debitorenverluste	Eine bereits abgeschriebene Debitorenforderung wird auf die Post überwiesen.
8	Delkredere	Bilanz	Übertrag des Delkredere-Saldos auf die Bilanz
9	Debitorenverluste	Delkredere	Erhöhung des Delkredere-Bestandes am Periodenende

Debitorenverluste, Delkredere

26

26.05

Journal

Datum	Text	Buchungssatz Soll	Haben	Betrag
1. 6.	Kreditorenzahlung über die Post	Kreditoren	Post	3 100.–
3. 6.	Kauf einer Maschine auf Kredit	Maschinen	Kreditoren	2 250.–
4. 6.	Konkursdividende K. Hug auf Post	Post	Debitoren	3 600.–
	Abschreibung der Restforderung	Debitorenverluste	Debitoren	8 400.–
12. 6.	Banküberweisung der bereits abgeschriebenen Forderung von Kunde Götz	Bank	Debitorenverluste[1]	1 200.–
15. 6.	Die Rechnung vom 3. 6. wird durch die Bank bezahlt.	Kreditoren	Bank	2 150.–
	Kursdifferenz	Kreditoren	Maschinen	100.–
20. 6.	Barzahlung Kostenvorschuss für Betreibung	Debitoren	Kasse	75.–
22. 6.	Der Geschäftsinhaber vermindert seine Kapitaleinlage über die Bank.	Eigenkapital	Bank	10 000.–
30. 6.	Verminderung des Delkredere-Bestandes	Delkredere	Debitorenverluste	3 000.–
30. 6.	Abschreibung auf Fahrzeugen	Abschreibungen	Wertberichtigung Fahrzeuge	8 000.–

---

[1] Wenn die Abschreibung in einer früheren Periode erfolgte und der Betrag wesentlich ist, kann die Habenbuchung auch über ausserordentlichen Ertrag erfolgen.

Debitorenverluste, Delkredere

26

26.06

Aufgabe	Text	Gegenkonto	Debitoren Inland		Debitoren Ausland	
			Soll	Haben	Soll	Haben
a)	Übertrag	–	650	376	790	
1	Rechnung an einen Kunden in Bern für die Totalrestauration eines Jaguars Mk II für 48	Restaurationsertrag	48			
2	Rechnungsversand für die Ablieferung eines neu aufgebauten Mercedes 190 Cabriolets nach Österreich für 38.	Restaurationsertrag			38	
3	Rechnung im Betrag von 12 an einen Kunden in Chur für die Restauration eines Fiat Doppolinos.	Restaurationsertrag	12			
4	Postzahlungen von inländischen Kunden für 170.	Post		170		
5	Ein Kunde aus Zürich zahlt unsere Rechnung von 50 unter Abzug von 2% Skonto auf die Bank.	Bank Restaurationsertrag		49 1		
6	An einen Kunden in Saudiarabien wird ein Rabatt von 20 gewährt.	Restaurationsertrag				
7	Konkurs eines Kunden in Thun. Die Forderung von 35 ist abzuschreiben.			35		
8	Bankgutschrift für Zahlungen von ausländischen Kunden für 149.	Bank				
9	Einleitung der Betreibung gegen Debitor Koller in Basel. Der Kostenvorschuss von 1 erfolgt durch Postüberweisung.	Post	1			
b)	Anpassung des Delkrederes.					
c)	Übertrag der Saldi auf die Abschlussrechnungen.	Bilanz Erfolgsrechnung		80		
			711	711	828	

26.07

Die Lösung befindet sich auf der übernächsten Seite.

26 Debitorenverluste, Delkredere

26.08

...redere		Debitorenverluste	
	Haben	Soll	Haben
	20	7	
		35	
2			2
18			40
20	20	42	42

Nr.	Aussage	Richtig	Begründung bei falscher Aussage
1	Das Delkredere ist ein ruhendes Konto, da es nur am Ende einer Periode angepasst wird.	X	
2	Wird ein Debitor direkt abgeschrieben, lautet die Buchung *Debitorenverluste/Delkredere*.		Die direkte Abschreibung erfolgt über das Debitorenkonto, nicht über das Delkredere.
3	Das Delkredere ist ein Minus-Passivkonto und hat dieselben Buchungsregeln wie ein Passivkonto.		Das Delkredere ist ein Minus-Aktivkonto mit den Buchungsregeln eines Passivkontos.
4	Eine Habenbuchung im Debitorenverlustkonto ergibt sich, wenn ein bereits abgeschriebener Debitor unverhofft zahlt.	X	
5	Die Erhöhung des Delkrederes hat immer eine Verminderung des Gewinnes zur Folge.	X	
6	Falls ein dieses Jahr bereits abgeschriebener Debitor seine Schulden noch begleicht, lautet die Buchung *Post/Debitorenverluste*.	X	
7	Der Saldo des Debitorenverlustkontos wird am Periodenende mit der Buchung *Bilanz/Debitorenverluste* übertragen.		Das Debitorenverlustkonto ist ein Aufwandskonto und wird auf die Erfolgsrechnung übertragen.
8	Die Buchung *Debitoren/Post* steht für die Postüberweisung eines Debitors.		Es handelt sich um einen durch Postüberweisung bezahlten Kostenvorschuss, der dem Debitor belastet wird.
9	Das Delkrederekonto wird wie das Debitorenverlustkonto nicht wiedereröffnet.		Das Delkredere als Minus-Aktivkonto wird wiedereröffnet.
10	Falls auf den fälligen Forderungen Verzugszinsen verrechnet werden, lautet die Buchung *Debitoren/Zinsertrag*.	X	
11	Der Buchwert der Debitoren ergibt sich aus Debitoren-Bestand minus Delkredere-Bestand.	X	
12	Die Buchung *Delkredere/Bilanz* steht für die Eröffnung des Delkrederebestandes.		Die Eröffnungsbuchung müsste umgekehrt lauten, also Bilanz/Delkredere.
13	Debitorenverluste ist ein Minus Ertragskonto mit denselben Buchungsregeln wie ein Aufwandskonto.	X	

Debitorenverluste, Delkredere — 26

26.07

Buchungen	Debitoren		Delkredere		Debitorenverluste	
Übertrag	180 000	141 340		2 000	4 200	
1. Debitoren/Warenertrag	70 000					
2. Debitoren/Kasse	75					
3. Bank/Debitoren		600				
Debitorenverluste/Debitoren		2 400			2 400	
4. Bank/Debitoren		62 000				
5. Debitoren/Kasse	340					
6. Post/Debitoren①		4 075				
Post/Zinsertrag						
7. Bank/Debitorenverluste						3 000
8. Delkredere/Debitorenverluste			400			400
Abschluss						
Bilanz/Debitoren		40 000				
Delkredere/Bilanz			1 600			
Erfolgsrechnung/Debitorenverluste						3 200
	250 415	250 415	2 000	2 000	6 600	6 600
Eröffnung						
Debitoren/Bilanz	40 000					
Bilanz/Delkredere				1 600		

26.08

Diese Lösung befindet sich auf der Vorseite.

---

① Der Geschäftsfall kann auch wie folgt verbucht werden:
Debitoren/Zinsertrag   80
Post/Debitoren   4155

Debitorenverluste, Delkredere 26

26.09

Nr.	Frage	Endgültige Debitorenverluste		Mutmassliche Debitorenverluste	
1	Bei welchen Verlusten ▷ ist der Kunde immer bekannt? ▷ handelt es sich um ein allgemeines Risiko auf dem Debitorenbestand? Zutreffendes ankreuzen.		X		
					X
2	In welchem Zeitpunkt werden die Debitorenverluste verbucht?	Während des Jahres laufend, sofort bei Eintreten des Verlustes.		Ende Jahr beim Abschluss.	
3	Bei welchen Verlusten ▷ ist der Betrag meistens genau bekannt? ▷ muss der Betrag geschätzt werden? Zutreffendes ankreuzen.		X		
					X
4	Welche Abschreibungsmethode ist anzuwenden (direkt oder indirekt)?	Direkt (über das Debitorenkonto)		Indirekt (über das Delkrederekonto)	
5	Wie wird die Zunahme der geschätzten Debitorenverluste von 80 Ende Jahr verbucht?	–		Debitorenverluste/Delkredere 80	
6	Wie lautet der Buchungssatz für einen Debitorenverlust von 240 infolge Konkurses eines Kunden am 13. August?	Debitorenverluste/Debitoren 240		–	

b) Gemeinsamkeit: Die Sollbuchung erfolgt immer auf dem Konto Debitorenverluste.

Unterschied: Die Habenbuchung ist entweder Debitoren (direkt) oder Delkredere (indirekt).

c) Debitorenverluste ist ein Minus-Ertragskonto. Im KMU-Kontenrahmen gehört das Konto Debitorenverluste als Minus-Ertragskonto in die Kontenklasse 3.

d) Delkredere / Debitorenverluste 10

e) Die wichtigsten Gründe sind:
▷ Der Debitorenbestand hat abgenommen.
▷ Das Delkredererisiko ist kleiner geworden.

26 Debitorenverluste, Delkredere

26.10

Journal 20_2

Nr.	Geschäftsfall	Buchungssatz Soll	Haben	Betrag
1	Fakturierter Honorarumsatz	Debitoren	Honorarertrag	120 000
2	Postzahlungen von Kunden	Post	Debitoren	118 000
3	Abschreibung der Forderung gegenüber Faber AG infolge Konkurseröffnung	Debitorenverluste	Debitoren	2 000
4	Privatbezüge mit der Postcard des Geschäfts	Privat	Post	20 000
5	Postzahlungen für Mietaufwand	Mietaufwand	Post	24 000
6	Postüberweisung des Kostenvorschusses für die Betreibung von Kunde Vestido GmbH	Debitoren	Post	70
7	Rechnungen für übrigen Aufwand	Übriger Aufwand	Kreditoren	15 000
8	Postüberweisungen auf das private Bankkonto der Geschäftsinhaberin	Privat	Post	50 000
9	Im Betreibungsfall gegenüber dem Kunden Creativ GmbH wird Fr. 670.– auf das Postkonto überwiesen; der Rest ist abzuschreiben.	Post	Debitoren	670
		Debitorenverluste	Debitoren	1 400
10	Postzahlungen von erhaltenen Rechnungen	Kreditoren	Post	16 000
11	Abschreibung der Einrichtungen: 20% des Anschaffungswerts	Abschreibungen	WB Einrichtungen	4 800
12	Das Delkredere soll gleich viele Prozente betragen wie im Vorjahr.	Delkredere	Debitorenverluste	100
13	Gutschrift Eigenlohn	Personalaufwand	Privat	72 000
14	Gutschrift Eigenzins (3,5% auf Anfangskapital)	Zinsaufwand	Privat	1 050
15	Saldierung des Privatkontos	Privat	Eigenkapital	3 050
16	Übertrag des Jahresverlusts	Eigenkapital	Erfolgsrechnung	150

Debitorenverluste, Delkredere — 26 Lösung 10

Hauptbuch 20_2

Post
A 6 300	20 000
118 000	24 000
670	70
	50 000
	16 000
	S 14 900
124 970	124 970

Debitoren
A 14 000	118 000
120 000	2 000
70	670
	1 400
	S 12 000
134 070	134 070

Delkredere
	100 A 700
S 600	
700	700

Einrichtungen
A 24 000	S 24 000

WB Einrichtungen
	A 9 600
S 14 400	4 800
14 400	14 400

Kreditoren
16 000	A 4 000
S 3 000	15 000
19 000	19 000

Eigenkapital
150	A 30 000
S 32 900	3 050
33 050	33 050

Privat
20 000	72 000
50 000	1 050
3 050	
73 050	73 050

Personalaufwand
72 000	S 72 000

Mietaufwand
24 000	S 24 000

Zinsaufwand
1 050	S 1 050

Abschreibungen
4 800	S 4 800

Übriger Aufwand
15 000	S 15 000

Honorarertrag
S 120 000	120 000

Debitorenverluste
2 000	100
1 400	S 3 300
3 400	3 400

Erfolgsrechnung 20_7
Personalaufwand	72 000	Honorarertrag	120 000
Mietaufwand	24 000	./. Debitorenverluste	– 3 300
Zinsaufwand	1 050		
Abschreibungen	4 800		
Übriger Aufwand	15 000	Verlust	150
	116 850		116 850

Schlussbilanz 31. 12. 20_7
Post	14 900	Kreditoren	3 000
Debitoren	12 000	Eigenkapital	32 900
./. Delkredere	– 600		
Einrichtungen	24 000		
./. WB Einrichtungen	– 14 400		
	35 900		35 900

A = Anfangsbestand
S = Saldo

27 Transitorische Konten (Rechnungsabgrenzung) und Rückstellungen

27.01

a)

Schlussbilanz vor Gewinnverbuchung per 31.12. 20_1

Aktiven / Passiven

Umlaufvermögen			Fremdkapital		
Kasse	2 000		Kreditoren	1 000	
Bank	23 000	25 000	Transitorische Passiven	8 000	9 000
Anlagevermögen			**Eigenkapital**		
Einrichtung Büro und Theorielokal	7 000		Eingenkapital	45 000	
Fahrzeug	28 000	35 000	Gewinn	6 000	51 000
		60 000			60 000

Erfolgsrechnung 20_1

Aufwand / Ertrag

Benzinverbrauch	9 000	Verkaufsertrag Einzelstunden (bar)	10 000
Personalaufwand	36 000	Verkaufsertrag Abonnemente (bar)	72 000
Mietaufwand	7 000		
Fahrzeugsteuern + Versicherungen	4 000		
Abschreibungen	11 000		
Übriger Aufwand	9 000		
Gewinn	6 000		
	82 000		82 000

Transitorische Konten und Rückstellungen 27 — Lösung 01

b)

Geschäftsjahr 20_1

Datum	Text	Buchungssatz	Transitorische Passiven		Verkaufsertrag Abonnemente	
Diverse	Verkauf Abonnemente	Kasse/Verkaufsertrag Abo.				80 000
31.12.20_1	Zeitliche Abgrenzung	Verkaufsertrag Abo./TP		8 000	8 000	
31.12.20_1	Abschluss	TP/Bilanz	8 000			
		Verkaufsertrag Abo./ER			72 000	
			8 000	8 000	80 000	80 000

Geschäftsjahr 20_2

Datum	Text	Buchungssatz	Transitorische Passiven		Verkaufsertrag Abonnemente	
01.01.20_2	Eröffnung	Bilanz/TP		8 000		
01.01.20_2	Rückbuchung zeitliche Abgrenzung	TP/Verkaufsertrag Abo.	8 000			8 000

27.02

a)

Schlussbilanz vor Gewinnverbuchung per 31.12. 20_1

Aktiven				Passiven	
Umlaufvermögen			**Fremdkapital**		
Kasse	2 000		Kreditoren		14 000
Bank	5 000				
Transitorische Aktiven①	12 000				
Vorräte	13 000	32 000			
Anlagevermögen			**Eigenkapital**		
Kioskeinrichtung		40 000	Eigenkapital	50 000	
			Gewinn	8 000	58 000
		72 000			72 000

Erfolgsrechnung 20_1

Aufwand			Ertrag	
Warenaufwand	110 000		Warenertrag	161 000
Personalaufwand	20 000			
Mietaufwand	6 000			
Abschreibungen	4 000			
Übriger Aufwand	13 000			
Gewinn	8 000			
	161 000			161 000

b) Verlust Fr. 4 000.–

---

① Oder: Aktive Rechnungsabgrenzung.

Transitorische Konten und Rückstellungen 27 — Lösung 02

c)

Geschäftsjahr 20_1

Datum	Text	Buchungssatz	Transitorische Aktiven		Mietaufwand	
01. 09. 20_1	Banküberweisung Mietzins	Mietaufwand/Bank			18 000	
31. 12. 20_1	Zeitliche Abgrenzung	TA/Mietaufwand	12 000			12 000
31. 12. 20_1	Abschluss	Bilanz/TA		12 000		
		ER/Mietaufwand				6 000
			12 000	12 000	18 000	18 000

Geschäftsjahr 20_2

Datum	Text	Buchungssatz	Transitorische Aktiven		Mietaufwand	
01. 01. 20_2	Eröffnung	TA/Bilanz	12 000			
01. 01. 20_2	Rückbuchung zeitliche Abgrenzung	Mietaufwand/TA		12 000	12 000	

27.03

a) Dividendenertrag und Kursgewinne auf den Aktien

b) Gewinn 10

c) Zinsaufwand/Transitorische Passiven 21

d)

Schlussbilanz vor Gewinnverbuchung per 31. 12. 20_1

Aktiven					Passiven
Umlaufvermögen			**Fremdkapital**		
Flüssige Mittel	140		Kreditoren	30	
Debitoren	20	160	Transitorische Passiven	21	
			Obligationenanleihe	600	651
Anlagevermögen			**Eigenkapital**		
Sachanlagen	80		Aktienkapital	700	
Beteiligungen	1 100	1 180	./. Verlust	−11	689
		1 340			1 340

Erfolgsrechnung 20_1

Aufwand		Ertrag	
Personalaufwand	70	Beteiligungsertrag	220
Zinsaufwand	21	Verlust	11
Übriger Aufwand	140		
	231		231

e) Verlustvortrag/Erfolgsrechnung 11

f) Transitorische Passiven/Zinsaufwand 21

27 Transitorische Konten und Rückstellungen

27.04

a)

Schlussbilanz vor Gewinnverbuchung per 31.12. 20_1

Aktiven			Passiven		
Umlaufvermögen			**Fremdkapital**		
Kasse	3 000		Kreditoren	20 000	
Bank	15 000		Transitorische Passiven	600	
Transitorische Aktiven	12 000		Darlehen	60 000	80 600
Warenvorrat	42 000	72 000			
			Eigenkapital		
Anlagevermögen			Eigenkapital	70 000	
Einrichtung		87 000	Gewinn	8 400	78 400
		159 000			159 000

Erfolgsrechnung 20_1

Aufwand		Ertrag	
Warenaufwand	80 000	Warenertrag	120 000
Personalaufwand	15 000	Zinsertrag	100
Mietaufwand	6 000		
Zinsaufwand	600		
Abschreibungen	4 000		
Übriger Aufwand	6 100		
Gewinn	8 400		
	120 100		120 100

b) Mietzinse sind üblicherweise im Voraus zu bezahlen (= vorschüssig) und Kapitalzinsen nach der Beanspruchung des Kapitals (= nachschüssig).

Die Miete ist bereits bezahlt, weshalb ein Zahlungsbeleg vorhanden ist, der verbucht wurde. Hingegen ist der Zins noch nicht bezahlt, weshalb kein Buchungsbeleg vorhanden ist und folglich auch nichts gebucht wurde.

Transitorische Konten und Rückstellungen 27
Lösung 04

c)

Geschäftsjahr 20_1

Datum	Geschäftsfall	Buchungssatz	Transitorische Aktiven (TA)		Transitorische Passiven (TP)		Mietaufwand		Zinsaufwand	
01. 11.	Zahlung Miete	Mietaufwand/Bank					18 000			
31. 12.	Zeitliche Abgrenzung Miete	TA/Mietaufwand	12 000					12 000		
31. 12.	Zeitliche Abgrenzung Zins	Zinsaufwand/TP				600			600	
31. 12.	Abschluss (Salden)	Diverse Buchungen		**12 000**	**600**			**6 000**		**600**
			12 000	12 000	600	600	18 000	18 000	600	600

Geschäftsjahr 20_2

Datum	Geschäftsfall	Buchungssatz	Transitorische Aktiven (TA)		Transitorische Passiven (TP)		Mietaufwand		Zinsaufwand	
01. 01.	Eröffnung	Diverse Buchungen	12 000			600				
01. 01.	Rückbuchung zeitliche Abgrenzung Miete	Mietaufwand/TA		12 000			12 000			
01. 01.	Rückbuchung zeitliche Abgrenzung Zins	TP/Zinsaufwand			600					600
01. 05.	Zahlung Miete	Mietaufwand/Bank					18 000			
31. 10.	Zinszahlung	Zinsaufwand/Bank							3 600	
01. 11.	Zahlung Miete	Mietaufwand/Bank					18 000			
31. 12.	Zeitliche Abgrenzung Miete	TA/Mietaufwand	12 000					12 000		
31. 12.	Zeitliche Abgrenzung Zins	Zinsaufwand/TP				600			600	
31. 12.	Abschluss (Salden)	Diverse Buchungen		**12 000**	**600**			**36 000**		**3 600**
			24 000	24 000	1 200	1 200	48 000	48 000	4 200	4 200

d) Die Salden sind korrekt: Der Mietaufwand beträgt für ein Jahr Fr. 36 000.–, der Zinsaufwand Fr. 3 600.–.

Transitorische Konten und Rückstellungen 27

27.05

a)

Datum	Text	Buchungssatz	Transitorische Passiven		Zinsaufwand[1]	
31. 12. 20_1	Zeitliche Abgrenzung	Zinsaufwand/TP		1 000	1 000	
31. 12. 20_1	Abschluss	TP/Bilanz	**1 000**			
		ER/Zinsaufwand				**1 000**
			1 000	1 000	1 000	1 000

Datum	Text	Buchungssatz	Transitorische Passiven		Zinsaufwand[1]	
01. 01. 20_2	Eröffnung	Bilanz/TP		1 000		
01. 01. 20_2	Rückbuchung	TP/Zinsaufwand	1 000			1 000

b)

Datum	Text	Buchungssatz	Transitorische Aktiven		Zinsertrag	
31. 12. 20_1	Zeitliche Abgrenzung	TA/Zinsertrag	750			750
31. 12. 20_1	Abschluss	Bilanz/TA		**750**		
		Zinsertrag/ER			**750**	
			750	750	750	750

Datum	Text	Buchungssatz	Transitorische Aktiven		Zinsertrag	
01. 01. 20_2	Eröffnung	TA/Bilanz	750			
01. 01. 20_2	Rückbuchung	Zinsertrag/TA		750	750	

[1] Hypothekarzinsaufwand wird manchmal auch über Liegenschaftenaufwand verbucht, weil die Hypothek zur Finanzierung einer Liegenschaft dient.

Transitorische Konten und Rückstellungen 27 — Lösung 05

c)

Datum	Text	Buchungssatz	Transitorische Aktiven		Mietaufwand	
31. 08. 20_1	Zahlung Miete	Mietaufwand/Bank			24 000	
31. 12. 20_1	Zeitliche Abgrenzung	TA/Mietaufwand	16 000			16 000
31. 12. 20_1	Abschluss	Bilanz/TA		16 000		
		ER/Mietaufwand				8 000
			16 000	16 000	24 000	24 000

Datum	Text	Buchungssatz	Transitorische Aktiven		Mietaufwand	
01. 01. 20_2	Eröffnung	TA/Bilanz	16 000			
01. 01. 20_2	Rückbuchung	Mietaufwand/TA		16 000	16 000	

d)

Datum	Text	Buchungssatz	Transitorische Passiven		Mietertrag①	
31. 08. 20_1	Erhalt Miete	Bank/Mietertrag				24 000
31. 12. 20_1	Zeitliche Abgrenzung	Mietertrag/TP		16 000	16 000	
31. 12. 20_1	Abschluss	TP/Bilanz	16 000			
		Mietertrag/ER			8 000	
			16 000	16 000	24 000	24 000

Datum	Text	Buchungssatz	Transitorische Passiven		Mietertrag①	
01. 01. 20_2	Eröffnung	Bilanz/TP		16 000		
01. 01. 20_2	Rückbuchung	TP/Mietertrag	16 000			16 000

① Der Mietertrag kann auch als Immobilien- oder Liegenschaftsertrag erfasst werden.

Transitorische Konten und Rückstellungen

27.06

Aufgabe	Geschäftsfall	Bereits verbucht	Anteil 20_1	Anteil 20_2	LG/LS/GG/GS	Buchungssatz mit Betrag für die transitorische Abgrenzung Ende 20_1
a)	Eine Informatikschule hat Kursgelder von 80 vereinnahmt. Kurse im Umfang von 10 wurden noch nicht erteilt. (Sicht der Schule)	80	70	10	LS	Kursgeldertrag/TP 10
b)	Aufgelaufener Zins auf einem Passivdarlehen von 200. Zinsfuss 6%. Zinstermin 31. Oktober. (Sicht des Darlehensnehmers)	0	2	10	GS	Zinsaufwand/TP 2
c)	Aufgelaufener Zins auf einem Aktivdarlehen von 120. Zinsfuss 5%. Zinstermin 30. April. (Sicht des Darlehensgebers)	0	4	2	GG	TA/Zinsertrag 4
d)	Am 30. November 20_1 für 3 Monate vorausbezahlter Mietzins von 15. (Sicht des Mieters)	15	5	10	LG	TA/Mietaufwand 10
e)	Am 31. August 20_1 im Voraus erhaltener Mietzins von 18 für 6 Monate. (Sicht des Vermieters)	18	12	6	LS	Mietertrag/TP 6
f)	Am 31. Juli 20_1 für ein Jahr vorausbezahlte Sachversicherungsprämien von 12. (Sicht des Versicherten)	12	5	7	LG	TA/Versicherungsaufwand 7
g)	Eine Fahrlehrerin verkaufte Fahrschulabonnemente von 50 gegen bar. Etwa 20% dieser Fahrstunden sind bis Ende Jahr noch nicht erteilt worden. (Sicht der Fahrlehrerin)	50	40	10	LS	Fahrschulertrag/TP 10
h)	Am 31. Oktober 20_1 erhaltene und einen Monat später bezahlte Rechnung von 12 für die Reparatur an einer Maschine. (Sicht des Maschinenbesitzers)	12	12	0	–	keine Buchung

Transitorische Konten und Rückstellungen 27

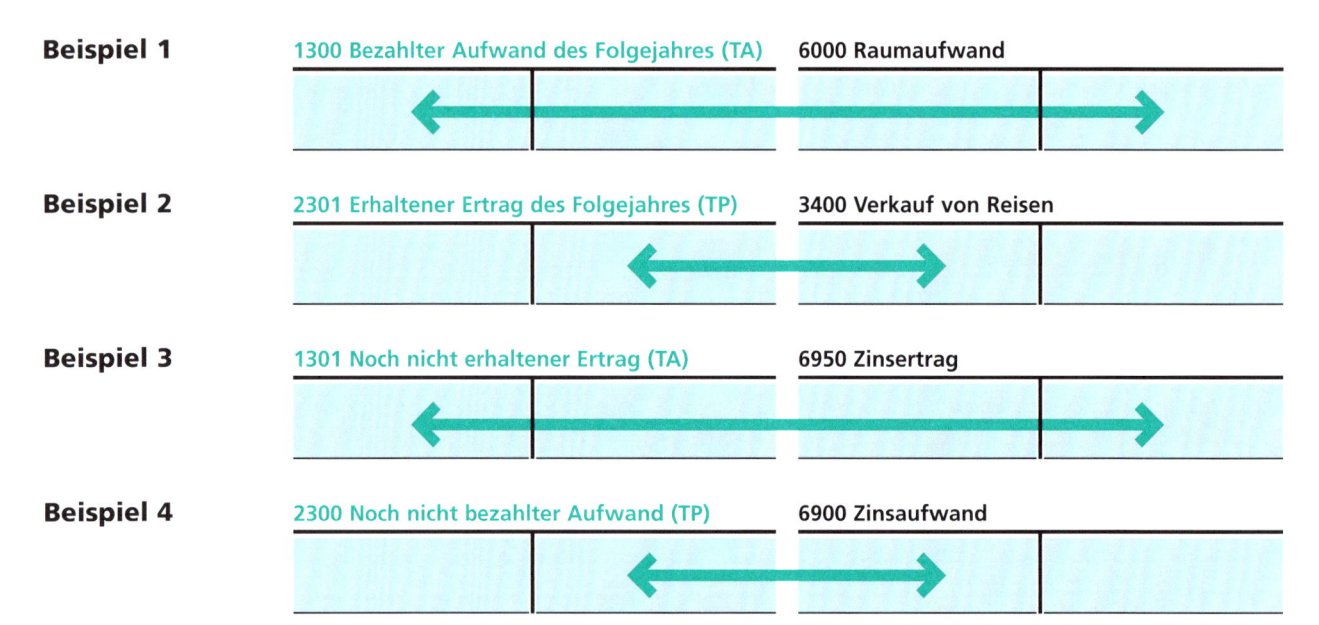

27.07

Beispiel 1 | 1300 Bezahlter Aufwand des Folgejahres (TA) | 6000 Raumaufwand

Beispiel 2 | 2301 Erhaltener Ertrag des Folgejahres (TP) | 3400 Verkauf von Reisen

Beispiel 3 | 1301 Noch nicht erhaltener Ertrag (TA) | 6950 Zinsertrag

Beispiel 4 | 2300 Noch nicht bezahlter Aufwand (TP) | 6900 Zinsaufwand

Transitorische Konten und Rückstellungen

27.08

Nr.	Buchung	Bildung	Rückbuchung	Geschäftsfall
1	Aktive Rechnungsabgrenzung/ Mietaufwand	X		Zeitliche Abgrenzung von vorausbezahltem Mietaufwand (beim Mieter)
2	Aktive Rechnungsabgrenzung/ Zinsertrag	X		Zeitliche Abgrenzung von noch nicht erhaltenen, aufgelaufenen Zinsen (beim Kreditgeber)
3	Zinsaufwand/ Passive Rechnungsabgrenzung	X		Zeitliche Abgrenzung von noch nicht bezahlten, aufgelaufenen Zinsen (beim Kreditnehmer)
4	Passive Rechnungsabgrenzung/ Mietertrag		X	Rückbuchung einer zeitlichen Abgrenzung von im Voraus erhaltenen Mietzinsen (beim Vermieter)
5	Versicherungsaufwand/ Aktive Rechnungsabgrenzung		X	Rückbuchung einer zeitlichen Abgrenzung von im Voraus bezahlten Versicherungsprämien (beim Versicherungsnehmer)
6	Prämienertrag/ Passive Rechnungsabgrenzung	X		Zeitliche Abgrenzung von im Voraus erhaltenen Versicherungsprämien (beim Versicherer)
7	Passive Rechnungsabgrenzung/ Zinsaufwand		X	Rückbuchung einer zeitlichen Abgrenzung von noch nicht bezahlten, aufgelaufenen Zinsen (beim Kreditnehmer)
8	Schulgeldertrag/ Passive Rechnungsabgrenzung	X		Zeitliche Abgrenzung von im Voraus erhaltenen Schulgeldern (bei einer Schule)
9	Steueraufwand/ Passive Rechnungsabgrenzung	X		Zeitliche Abgrenzung von noch nicht bezahlten, aufgelaufenen Steuerschulden (beim Steuerpflichtigen)
10	Aktive Rechnungsabgrenzung/ Warenaufwand	X		Noch nicht erhaltene Gutschrift eines Lieferanten (zum Beispiel für einen Umsatzbonus)

27 Transitorische Konten und Rückstellungen

27.09

a)

Schlussbilanz vor Gewinnverbuchung per 31. 12. 20_5

Aktiven			Passiven		
Umlaufvermögen			**Fremdkapital**		
Liquide Mittel	50		Kreditoren	700	
Debitoren	800		Im Voraus erhaltener Ertrag	20	
Vorausbezahlter Aufwand	15		Noch nicht bezahlter Aufwand	35	
Noch nicht erhaltener Ertrag	25		Rückstellungen	45	
Warenvorrat	590	1 480	Passivdarlehen	550	1 350
Anlagevermögen			**Eigenkapital**		
Sachanlagen	420		Aktienkapital	400	
Aktivdarlehen	100	520	Reserven und Gewinnvortrag	250	650
		2 000			2 000

b)

Nr.	Geschäftsfall	Vorausbezahlter Aufwand	Noch nicht erhaltener Ertrag	Im Voraus erhaltener Ertrag	Noch nicht bezahlter Aufwand	Rückstellungen
1	Aufgelaufener Zins auf Passivdarlehen				X	
2	(Von uns) im Voraus bezahlte Sachversicherungsprämien	X				
3	Ein Kunde macht auf gerichtlichem Weg einen Schaden geltend, der durch eine unserer Lieferungen entstanden ist. Unser Risiko ist in der Bilanz zu berücksichtigen.					X
4	Aufgelaufener Zins auf Aktivdarlehen		X			
5	(Von uns) im Voraus bezahlte Mietzinse	X				

Transitorische Konten und Rückstellungen 27

27.10
a)

Geschäftsjahr 20_1

Datum	Text	Buchung	Rückstellungen		Aufwand für Schadenersatz	
15. 11. 20_1	Bildung Rückstellung	Aufwand für Schadenersatz/ Rückstellungen		20	20	
31. 12. 20_1	Abschluss	Rückstellungen/Bilanz	20			
		ER/Aufwand für Schadenersatz				20
			20	20	20	20

Geschäftsjahr 20_2

Datum	Text	Buchung	Rückstellungen		Aufwand für Schadenersatz	
01. 01. 20_2	Eröffnung	Bilanz/Rückstellungen		20		
28. 08. 20_2	Schadenersatzzahlung	Rückstellungen/Bank	12			
	Herabsetzung der Rückstellungen	Rückstellungen/ Aufwand für Schadenersatz	3			3
31. 12. 20_2	Abschluss	Rückstellungen/Bilanz	5			
		Aufwand für Schadenersatz/ER[1]			3	
			20	20	3	3

---

[1] In der Erfolgsrechnung 20_2 wird dieser Saldo als Ertrag ausgewiesen.

Transitorische Konten und Rückstellungen — 27

Lösung 10

b)

Nr.	Aussage	Richtig	Falsch
1	Rückstellungen sind Fremdkapital.	X	
2	Rückstellungen sind immer kurzfristig.		X
3	Typisch für Rückstellungen ist die ungewisse Höhe.	X	
4	Rückstellungen müssen gebildet werden zum Beispiel für Prozessrisiken bei hängigen Gerichtsverfahren oder für versprochene Garantieleistungen.	X	
5	Bei der Bildung von Rückstellungen erfolgt die Sollbuchung über ein Aufwands- oder Ertragskonto.	X	
6	Die Bildung von Rückstellungen führt zu einer Erhöhung der Schulden.	X	
7	Durch die Bildung von Rückstellungen wird der ausgewiesene Erfolg des Geschäftsjahres verbessert.		X
8	Eine Auflösung von Rückstellungen ist immer erfolgsunwirksam.		X
9	Rückstellungen werden zum Beispiel aufgelöst, wenn das Risiko nicht mehr besteht.	X	

c)

Journal

Datum	Geschäftsfall	Soll	Haben	Betrag
10. 05.	Die vor drei Jahren für einen Prozess gebildete Rückstellung wird aufgelöst, da das Gerichtsurteil zu unseren Gunsten lautet.	Rückstellungen	Ausserordentlicher Ertrag	80 000
13. 08.	Bankzahlung eines Schadenfalls zulasten der Rückstellungen	Rückstellungen	Bank	15 000
31. 12.	Bildung von Rückstellungen für unterlassene Instandstellungsarbeiten an der eigenen Liegenschaft	Liegenschaftsaufwand	Rückstellungen	50 000
31. 12.	Bildung einer Rückstellung für gewährte Garantien	Garantieaufwand (oder Verkaufsertrag)	Rückstellungen	70 000
31. 12.	Aufgelaufene Schuldzinsen	Zinsaufwand	Transitorische Passiven	6 000
31. 12.	Verminderung des Delkreders	Delkredere	Debitorenverlust	8 000

Transitorische Konten und Rückstellungen 27

27.11

Journal 20_7

Nr.	Geschäftsfall	Buchung Soll	Buchung Haben	Betrag
1	Rückbuchung des Ende 20_6 transitorisch abgegrenzten Zinsaufwands	Transitorische Passiven	Zinsaufwand	2
2	An Kunden versandte Rechnungen für erbrachte Architekturleistungen	Debitoren	Honorarertrag	600
3	Bankzahlungen von Kunden	Bank	Debitoren	575
4	Bankzahlungen für Personalaufwand (inkl. Eigenlohn für den Geschäftsinhaber)	Personalaufwand	Bank	400
5	Bankbelastung für den Darlehenszins (Zinstermin 30.04., Zinsfuss 6%)	Zinsaufwand	Bank	3
6	Eine Forderung ist infolge Konkurses eines Kunden abzuschreiben.	Debitorenverluste	Debitoren	5
7	Rechnungen für übrigen Aufwand	Übriger Aufwand	Kreditoren	130
8	Bankzahlungen von Rechnungen für übrigen Aufwand	Kreditoren	Bank	128
9	Privatbezüge mit der Bancomatkarte zulasten des Bankkontos des Geschäfts	Privat	Bank	35
10	Abschreibung der Einrichtungen: 20% des Anschaffungswerts	Abschreibungen	WB Einrichtungen	20
11	Das Delkredere soll gleich viele Prozente betragen wie im Vorjahr.	Debitorenverluste	Delkredere	1
12	Zeitliche Abgrenzung des Zinses auf dem Bankdarlehen	Zinsaufwand	Transitorische Passiven	2
13	Die Rückstellungen sind zulasten des Honorarertrags auf 12 zu erhöhen.	Honorarertrag	Rückstellungen	4
14	Gutschrift Eigenzins: 3,5% auf Anfangskapital	Zinsaufwand	Privat	7
15	Saldierung des Privatkontos	Eigenkapital	Privat	28
16	Übertrag des Jahresgewinns	Erfolgsrechnung	Eigenkapital	30

Transitorische Konten und Rückstellungen
27 — Lösung 11

Hauptbuch 20_7

Bank

A	17		400
	575		3
			128
			35
		S	26
	592		592

Debitoren

A	200		575
	600		5
		S	220
	800		800

Delkredere

		A	10
S	11		1
	11		11

Einrichtungen

A	100	S	100

WB Einrichtungen

		A	40
S	60		20
	60		60

Kreditoren

	128	A	7
S	9		130
	137		137

Transitorische Passiven

	2	A	2
S	2		2
	4		4

Bankdarlehen

S	50	A	50

Rückstellungen

		A	8
S	12		4
	12		12

Eigenkapital

	28	A	200
S	202		30
	230		230

Privat

	35		7
			28
	35		35

Personalaufwand

	400	S	400

Zinsaufwand

	3		2
	2		
	7	S	10
	12		12

Abschreibungen

	20	S	20

Übriger Aufwand

	130	S	130

Honorarertrag

	4		600
S	596		
	600		600

Debitorenverluste

	5		
	1	S	6
	6		6

Erfolgsrechnung 20_7

Personalaufwand	400	Honorarertrag	596
Zinsaufwand	10	./. Debitorenverluste	– 6
Abschreibungen	20		
Übriger Aufwand	130		
Gewinn	30		
	590		590

Schlussbilanz 31. 12. 20_7

Bank	26	Kreditoren	9
Debitoren	220	Transitorische Passiven	2
./. Delkredere	– 11	Bankdarlehen	50
Einrichtungen	100	Rückstellungen	12
./. WB Einrichtungen	– 60	Eigenkapital	202
	275		275

A = Anfangsbestand
S = Saldo

Transitorische Konten und Rückstellungen 27

27.12

a)

Saldobilanzen per 31. 12. 20_4

Konten	Provisorische Saldobilanz		Nachträge		Definitive Saldobilanz	
Bank	36				36	
Debitoren	240				240	
Delkredere		15	3			12
Transitorische Aktiven			2		2	
Vorräte	20				20	
Büroeinrichtung	30			6	24	
Maschinen/Fahrzeuge	600				600	
WB Maschinen/Fahrzeuge		130		150		280
Kreditoren		50				50
Transitorische Passiven				1		1
Bankdarlehen		200				200
Rückstellungen		10		4		14
Aktienkapital		250				250
Reserven		70				70
Gewinnvortrag		7				7
Ertrag aus Arbeiten		700	4			696
Debitorenverluste	5			3	2	
Personalaufwand	340				340	
Zinsaufwand Bankdarlehen	11		1		12	
Abschreibungen Büroeinrichtung			6		6	
Abschreibungen Maschinen/Fahrzeuge			150		150	
Übriger Aufwand	150			2	148	
	1 432	1 432	166	166	1 580	1 580

b)

Erfolgsrechnung 20_4

Ertrag aus Arbeiten	696
./. Debitorenverluste	– 2
./. Personalaufwand	– 340
./. Zinsaufwand	– 12
./. Abschreibungen Büroeinrichtung	– 6
./. Abschreibungen Maschinen/Fahrzeuge	– 150
./. Übriger Aufwand	– 148
= Gewinn	38

c)

Eigenkapital per 31. 12. 20_4

Aktienkapital	250
Gesetzliche Gewinnreserve	70
Gewinnvortrag	45

Transitorische Konten und Rückstellungen 27

27.13

Journal

Datum	Text	Buchung Soll	Haben	Betrag
01.01.	Anfangsbestand Delkredere	Bilanz	Delkredere	7 500
01.01.	Anfangsbestand Wertberichtigung Mobiliar	Bilanz	Wertberichtigung	80 000
30.04.	Abschluss eines Mietvertrags mit einem Vermieter für Büroräume und Bankbelastung des Jahresmietzinses	Mietaufwand	Bank	24 000
15.05.	Abschreibung einer Forderung infolge Konkurses	Debitorenverluste	Debitoren	14 500
30.08.	Abschluss eines Mietvertrags mit einem Mieter für eine nicht mehr benötigte Lagerhalle und Bankgutschrift des Jahresmietzinses	Bank	Mietertrag (oder Liegenschaftenertrag)	36 000
04.09.	Privatbezug bar	Privat	Kasse	5 000
30.09.	Bankzahlung für Sachversicherungsprämien für ein Jahr	Versicherungsaufwand	Bank	4 000
31.10.	Aufnahme und Bankgutschrift eines Darlehens (Zinstermine 31.10. und 30.04., Zinsfuss 6% p.a.)	Bank	Darlehensschuld	100 000
05.11.	Kreditkauf einer EDV-Anlage	EDV-Anlagen (Mobilien)	Kreditoren	17 000
30.11.	Gewährung und Bankbelastung eines Darlehens (Zinstermin 30.11., Zinsfuss 8% p.a.)	Aktivdarlehen	Bank	30 000
31.12.	Das Delkredere wird neu auf Fr. 6000.– festgesetzt.	Delkredere	Debitorenverluste	1 500
31.12.	Abschreibung Mobiliar	Abschreibungen	Wertberichtigung	22 000
31.12.	Bildung einer Rückstellung für Währungsrisiken bei Exportgeschäften	Rückstellungsaufwand (oder Verkaufsertrag)	Rückstellung	10 000
31.12.	Zeitliche Abgrenzung Mietaufwand	Transitorische Aktiven	Mietaufwand	8 000
31.12.	Zeitliche Abgrenzung Mietertrag	Mietertrag (oder Liegenschaftenertrag)	Transitorische Passiven	24 000
31.12.	Zeitliche Abgrenzung Sachversicherungsprämien	Transitorische Aktiven	Versicherungsaufwand	3 000
31.12.	Zeitliche Abgrenzung Zinsaufwand	Zinsaufwand	Transitorische Passiven	1 000
31.12.	Zeitliche Abgrenzung Zinsertrag	Transitorische Aktiven	Zinsertrag	200

Transitorische Konten und Rückstellungen 27

27.14

Journal

Nr.	Geschäftsfall	Buchung Soll	Haben	Betrag
1	Barbezug bei der Bank für private Zwecke	Privat	Bank	10
2	Kauf eines Geschäftsautos gegen Rechnung	Fahrzeuge	Kreditoren	30
3	Bankbelastung für den Jahreszins auf einem Bankdarlehen	Zinsaufwand	Bank	12
4	Für eine ausstehende Forderung von 25 überweist das Konkursamt 8 per Post; der Rest muss abgeschrieben werden.	Post	Debitoren	8
		Debitorenverluste	Debitoren	17
5	Privatrechnungen über das Bankkonto des Geschäfts bezahlt	Privat	Bank	8
6	Bankgutschrift von 13 für einen Wertschriftenertrag (Verrechnungssteuer auch buchen)	Bank	Wertschriftenertrag	13
		Debitor VSt	Wertschriftenertrag	7
7	Versand von Rechnungen für ausgeführte Arbeiten	Debitoren	Dienstleistungsertrag	80
8	Geschäftsmiete durch Postüberweisung bezahlt	Raumaufwand (oder Mietaufwand)	Post	18
9	Rechnung der Autogarage für ausgeführten Service	Fahrzeugaufwand	Kreditoren	2
10	Transitorische Abgrenzung der vorausbezahlten Miete	Transitorische Aktiven	Raumaufwand (oder Mietaufwand)	6
11	Transitorische Abgrenzung der aufgelaufenen Schuldzinsen	Zinsaufwand	Transitorische Passiven	4
12	Verminderung des Delkrederes von 8 auf 6	Delkredere	Debitorenverluste	2
13	Erhöhung der kurzfristigen Rückstellung für Garantiefälle	Dienstleistungsertrag	Kurzfristige Rückstellungen	3
14	Indirekte Abschreibung des Mobiliars	Abschreibung	Wertberichtigung Mobiliar	12
15	Gutschrift Eigenlohn	Personalaufwand (oder Lohnaufwand)	Privat	120
16	Gutschrift Eigenzinsen	Zinsaufwand	Privat	8
17	Saldierung des Privatkontos, das einen Habenüberschuss von 16 aufweist	Privat	Eigenkapital	16
18	Verbuchung des Jahresgewinnes	Erfolgsrechnung	Eigenkapital	26

Transitorische Konten und Rückstellungen 27

27.15

Journal 20_1

Nr.	Geschäftsfall	Buchung Soll	Buchung Haben	Betrag
1	Rückbuchung einer zeitlichen Abgrenzung (Ende Vorperiode aufgelaufene Schuldzinsen)	Transitorische Passiven	Zinsaufwand	3
2	Kunden zahlen Rechnungen per Post	Post	Debitoren	300
3	Verkauf eines gebrauchten Lastwagens für 40 gegen bar. Der Anschaffungswert betrug 250, die kumulierten Abschreibungen 220.	Kasse	Fahrzeuge	40
		WB Fahrzeuge	Abschreibungen[1]	10
		WB Fahrzeuge	Fahrzeuge	210
4	Beschluss der Generalversammlung über die Gewinnverwendung:			
	▷ Gesetzl. Gewinnreserve 7	Gewinnvortrag	Gesetzl. Gewinnreserve	7
	▷ Dividendenzuweisung 60	Gewinnvortrag	Dividenden	60
	▷ Neuer Gewinnvortrag 2			
5	Kauf einer Maschine aus Deutschland:			
	▷ Rechnungsbetrag EUR 200, Kurs CHF 1.25/EUR	Maschinen	Kreditoren	250
	▷ Bankzahlung nach 60 Tagen, Kurs CHF 1.20/EUR	Kreditoren	Bank	240
	▷ Kursdifferenz	Kreditoren	Maschinen	10
6	Bankgutschrift für Obligationenzinsen 26. Verrechnungssteuer auch buchen.	Bank	Wertschriftenertrag	26
		Debitor VSt	Wertschriftenertrag	14
7	Aufnahme eines Bankdarlehens (Zinsfuss 5% p.a., Zinstermin 30. April)	Bank	(Passiv-)Darlehen	120
8	Rechnung für Sachversicherungsprämien von Anfang November 20_1 bis Ende April 20_2	Versicherungsaufwand	Kreditoren	9
9	Erhöhung der Wertberichtigung auf Debitoren	Debitorenverluste	Delkredere	3
10	Indirekte Abschreibung Fahrzeuge	Abschreibungen	WB Fahrzeuge	80
11	Zeitliche Abgrenzung Zinsen auf Darlehen von Geschäftsfall Nr. 7	Zinsaufwand	Transitorische Passiven	4
12	Zeitliche Abgrenzung Versicherungsprämien gemäss Geschäftsfall Nr. 8	Transitorische Aktiven	Versicherungsaufwand	6
13	Verbuchung des Jahresgewinns	Erfolgsrechnung	Gewinnvortrag	90

---

[1] Oder: ausserordentlicher Ertrag.

Transitorische Konten und Rückstellungen 27

27.50

Bilanz vor Gewinnverbuchung 31. 12. 20_4

Aktiven

Umlaufvermögen

Bank	49 370.00		
Debitoren	228 000.00		
Delkredere	– 11 400.00		
Ausstehende Subventionen	234 000.00	499 970.00	

Anlagevermögen

Mobiliar	641 400.00		
EDV-Anlagen	415 000.00	1 056 400.00	1 556 370.00

Passiven

Fremdkapital

Kreditoren	69 500.00		
Verrechnungssteuer	0.00		
Dividenden	0.00		
Aufgelaufene Darlehenszinsen	5 000.00		
Im Voraus erhaltene Kursgelder	580 000.00		
Darlehen	600 000.00	1 254 500.00	

Eigenkapital

Aktienkapital	200 000.00		
Gesetzliche Gewinnreserve	86 500.00		
Gewinnvortrag	2 270.00	288 770.00	1 543 270.00

Gewinn   13 100.00

Transitorische Konten und Rückstellungen 27

Lösung 50

Bilanz nach Gewinnverbuchung 31. 12. 20_4

Aktiven

Umlaufvermögen

Bank	49 370.00		
Debitoren	228 000.00		
Delkredere	– 11 400.00		
Ausstehende Subventionen	234 000.00	499 970.00	

Anlagevermögen

Mobiliar	641 400.00		
EDV-Anlagen	415 000.00	1 056 400.00	1 556 370.00

Passiven

Fremdkapital

Kreditoren	69 500.00		
Verrechnungssteuer	0.00		
Dividenden	0.00		
Aufgelaufene Darlehenszinsen	5 000.00		
Im Voraus erhaltene Kursgelder	580 000.00		
Darlehen	600 000.00	1 254 500.00	

Eigenkapital

Aktienkapital	200 000.00		
Gesetzliche Gewinnreserve	86 500.00		
Gewinnvortrag	15 370.00	301 870.00	1 556 370.00

Erfolgsrechnung 20_4

Ertrag

Schulgeldertrag	1 240 000.00	
Subventionsertrag	4 763 000.00	
Kursgeldertrag	2 120 000.00	
Debitorenverluste	– 13 900.00	8 109 100.00

Aufwand

Personalaufwand	6 490 000.00	
Mietaufwand	1 020 000.00	
Übriger Aufwand	389 000.00	
Abschreibung Mobiliar	72 000.00	
Abschreibungen EDV	90 000.00	
Zinsaufwand	35 000.00	8 096 000.00

Gewinn	**13 100.00**

Transitorische Konten und Rückstellungen 27

Lösung 50

Journal 20_4

Datum	Text	Beleg Nr.	Soll	Haben	Betrag
0	Eröffnung Bank		1020	9100	115 370.00
0	Eröffnung Debitoren		1100	9100	130 000.00
0	Eröffnung Delkredere		9100	1109	6 500.00
0	Eröffnung Ausstehende Subventionen		1301	9100	211 000.00
0	Eröffnung Mobiliar		1510	9100	670 000.00
0	Eröffnung EDV-Anlagen		1520	9100	380 000.00
0	Eröffnung Kreditoren		9100	2000	57 100.00
0	Eröffnung Aufgelaufene Darlehenszinsen		9100	2300	6 000.00
0	Eröffnung Im Voraus erhaltene Kursgelder		9100	2301	540 000.00
0	Eröffnung Darlehen		9100	2400	600 000.00
0	Eröffnung Aktienkapital		9100	2800	200 000.00
0	Eröffnung gesetzliche Gewinnreserve		9100	2950	86 000.00
0	Eröffnung Gewinnvortrag		9100	2970	10 770.00
1	Rückbuchung Ausstehende Subventionen		3010	1301	211 000.00
1	Rückbuchung Aufgelaufene Darlehenszinsen		2300	6800	6 000.00
1	Rückbuchung Im Voraus erhaltene Kursgelder		2301	3020	540 000.00
2	Rechnungen Schulgelder		1100	3000	1 240 000.00
3	Subventionszahlungen		1020	3010	4 740 000.00
4	Rechnungen Kursgelder		1100	3020	2 160 000.00
5	Personalaufwand		5000	1020	6 490 000.00
6	Zahlungen Schulgelder		1020	1100	1 180 000.00
7	Zahlungen Kursgelder		1020	1100	2 120 000.00
8	Debitorenverluste Schulgelder		3900	1100	3 200.00
9	Schulhausmiete		6000	1020	1 020 000.00
10	Darlehenszinsen		6800	1020	36 000.00
11	Rechnungen Sonstiger Aufwand		6700	2000	389 000.00
12	Reservenzuweisung		2970	2950	500.00
12	Dividendenzuweisung		2970	2260	8 000.00
13	Dividendenzahlung		2260	1020	5 200.00
14	Gutschrift Verrechnungssteuer		2260	2206	2 800.00
15	Debitorenverluste Kursgelder		3800	1100	5 800.00
16	Zahlung Verrechnungssteuer		2206	1020	2 800.00
17	Kauf Mobiliar		1510	2000	43 400.00
18	Verkauf EDV-Anlagen		1100	1520	7 000.00
19	Kauf EDV-Anlagen		1520	2000	132 000.00
20	Zahlungen Kreditoren		2000	1020	552 000.00
21	Abschreibung Mobiliar		6810	1510	72 000.00
22	Abschreibung EDV-Anlagen		6820	1520	90 000.00
23	Erhöhung Delkredere		3900	1109	4 900.00
24	Aufgelaufene Darlehenszinsen		6900	2300	5 000.00
25	Ausstehende Subventionen		1301	3010	234 000.00
26	Im Voraus erhaltene Kursgelder		3020	2301	580 000.00
27	Gewinnbuchung		9000	2970	13 100.00

27

28

Analyse des Jahresabschlusses

28.01

Kennzahlen

1 Aktiven
(Vermögensstruktur, Investierung)

Intensität des Anlagevermögens

2 Passiven
(Kapitalstruktur, Finanzierung)

Fremdfinanzierungsgrad
(Fremdkapitalquote)

Eigenfinanzierungsgrad
(Eigenkapitalquote)

3 Liquidität
(Zahlungsbereitschaft)

Liquiditätsgrad 2

4 Anlagedeckung
(Goldene Bilanzregel)

Anlagedeckungsgrad 2

5 Rentabilitäten
(Kapitalrenditen)

Rentabilität des Eigenkapitals

Rentabilität des Gesamtkapitals

6 Umsatzrenditen

Gewinnmarge

Bruttogewinnmarge

---

① Um das Ergebnis der Berechnung auf dem Taschenrechner als Prozentwert darzustellen, gibt es zwei Möglichkeiten:
  ▷ Man drückt nach der Eingabe von 4800 : 8000 auf die %-Taste.
  ▷ Oder man multipliziert in der Formel mit dem Faktor 100.

Analyse des Jahresabschlusses

28 Lösung 01

...chnung			Zweck/Beurteilung
$\dfrac{\text{Anlagevermögen} \cdot 100\%}{\text{Gesamtvermögen}}$	$\dfrac{4800 \cdot 100\%}{8000}$	60% ①	Anlageintensität sollte branchenüblichen Wert nicht übersteigen. Höheres Anlagevermögen verursacht grössere Fixkosten wie Abschreibungen und Zinsen.
$\dfrac{\text{Fremdkapital} \cdot 100\%}{\text{Gesamtkapital}}$	$\dfrac{4400 \cdot 100\%}{8000}$	55%	Sicherung einer gesunden Finanzierung (Liquidität, Bonität) bei angemessener Rendite. Eigenkapitalquoten zwischen 30% und 60% sind üblich.
$\dfrac{\text{Eigenkapital} \cdot 100\%}{\text{Gesamtkapital}}$	$\dfrac{3600 \cdot 100\%}{8000}$	45%	
$\dfrac{(\text{Flüssige Mittel} + \text{Forderungen}) \cdot 100\%}{\text{Kurzfristiges Fremdkapital}}$	$\dfrac{(400 + 1800) \cdot 100\%}{2000}$	110%	Gewährleistung der Zahlungsbereitschaft. Faustregel = 100%.
$\dfrac{(\text{Eigenkapital} + \text{langfr. Fremdkapital}) \cdot 100\%}{\text{Anlagevermögen}}$	$\dfrac{(3600 + 2400) \cdot 100\%}{4800}$	125%	Langfristig investiertes Vermögen muss langfristig finanziert sein. Goldene Bilanzregel verlangt mindestens 100%.
$\dfrac{\text{Gewinn} \cdot 100\%}{\text{Eigenkapital}}$	$\dfrac{360 \cdot 100\%}{3600}$	10%	Genügende Gesamtkapitalrendite ist für den Fortbestand der Unternehmung wichtig. Faustregel = 6 bis 10%.
$\dfrac{\overbrace{(\text{Gewinn} + \text{Zinsen})}^{\text{Ebit}} \cdot 100\%}{\text{Gesamtkapital}}$	$\dfrac{(360 + 120) \cdot 100\%}{8000}$	6%	Eigenkapitalrendite muss höher sein als die Gesamtkapitalrendite, weil das Risiko für die Eigentümer am grössten ist. Faustregel = 8 bis 12%.
$\dfrac{\text{Gewinn} \cdot 100\%}{\text{Umsatz}}$	$\dfrac{360 \cdot 100\%}{15000}$	2,4%	Ausreichende Gewinnmargen sind die Grundlage für genügende Kapitalrenditen. Werte sind stark branchenabhängig.
$\dfrac{\text{Bruttogewinn} \cdot 100\%}{\text{Umsatz}}$	$\dfrac{6000 \cdot 100\%}{15000}$	40%	

Analyse des Jahresabschlusses 28

28.02

a) Anlageintensität

b) Anlageintensiv sind: Energieerzeugung, Hotel, Transporte

c) Unternehmung Y weist höhere Fixkosten auf (in Form höherer Abschreibungen und Zinsen)

d) Fremdfinanzierungsgrad

e) Die höhere Fremdfinanzierung von Y wirkt sich vor allem nachteilig auf die **Sicherheitsziele** aus:

> ▷ Durch eine höhere Verschuldung verschlechtert sich die Liquidität (Zahlungsbereitschaft) normalerweise, weil die vereinbarten Fremdzinsen unabhängig vom Geschäftsergebnis bezahlt werden müssen. Im Gegensatz dazu kann bei Eigenfinanzierung in schlechten Jahren auf Gewinnausschüttungen verzichtet werden. Zusätzlich wird die Liquidität durch die beim Fremdkapital bestehenden Rückzahlungsverpflichtungen beeinträchtigt.
>
> ▷ Eine höhere Verschuldung wirkt sich auf die Bonität negativ aus, sodass die finanzielle Flexibilität verloren geht, weil beispielsweise bei finanziellen Engpässen keine zusätzlichen Kredite mehr aufgenommen werden können. Ausserdem verlangen die Kreditgeber bei grösserem Risiko einen höheren Zinsfuss.
>
> ▷ Durch eine zunehmende Verschuldung sinkt die Unabhängigkeit der Unternehmung gegenüber den Kreditgebern.

f) Liquiditätsgrad 2

g) Es wird oft ein Wert von 100% gefordert.

h) Unternehmung X weist einen Liquiditätsgrad 2 von über 100% aus. Sie verfügt über die bessere Zahlungskraft.

i) Anlagedeckungsgrad 2

k) Die goldene Bilanzregel verlangt, dass langfristig investiertes Vermögen (das Anlagevermögen) auch langfristig finanziert wird (mit Eigenkapital oder mit langfristigem Fremdkapital).

l) von Unternehmung Y

Analyse des Jahresabschlusses

28.03

a)

Erfolgsrechnung 20_1

Transportertrag	600
./. Personalaufwand	−230
./. Fahrzeugaufwand	−120
./. Zinsaufwand	−20
./. Abschreibungen	−100
./. Übriger Aufwand	−124
= Gewinn	**6**

b)

Schlussbilanz nach Gewinnverbuchung per 31. 12. 20_1

Aktiven			Passiven		
Umlaufvermögen			**Fremdkapital**		
Bank	5		Kreditoren	30	
Debitoren	15	20	Bankdarlehen	250	280
			Eigenkapital		
Anlagevermögen			Aktienkapital	200	
Büroeinrichtung	10		Reserven	43	
Fahrzeuge	500	510	Gewinnvortrag	7	250
		530			530

c)

Kennzahlen

Name	Berechnung	Wert bei Transeurop	Wert der Branche	Kommentar
Intensität des Anlagevermögens	$\dfrac{510 \cdot 100\%}{530}$	96%	67%	Die Anlageintensität ist viel höher als branchenüblich, was gegenüber der Konkurrenz zu überdurchschnittlich hohen Fixkosten (z.B. Abschreibungen und Zinsen) führt und den Gewinn schmälert, was tiefere Renditewerte nach sich zieht.
Eigenfinanzierungsgrad	$\dfrac{250 \cdot 100\%}{530}$	47%	27%	Der branchenübliche Eigenfinanzierungsgrad ist sehr tief. Die Transeurop ist deutlich sicherer finanziert.
Liquiditätsgrad 2	$\dfrac{(5 + 15) \cdot 100\%}{30}$	67%	117%	Die Liquidität der Transeurop ist völlig ungenügend. Die Faustregel verlangt 100%. Zahlungsunfähigkeit ist in der Praxis die häufigste Konkursursache.
Rendite des Eigenkapitals	$\dfrac{6 \cdot 100\%}{250}$	2,4%	5,4%	Die Eigenkapitalrendite der Branche ist schon sehr tief, diejenige der Transeurop noch schlechter. Entsprechend dem Risiko für die Eigentümer wäre eine Eigenkapitalrendite von etwa 10% anzustreben.
Gewinnmarge	$\dfrac{6 \cdot 100\%}{600}$	1%	2,2%	Die völlig ungenügende Umsatzrendite ist eine Folge zu hoher Kosten und die Ursache für die schlechte Eigenkapitalrendite.

Analyse des Jahresabschlusses

28.04

Kennzahlen

Name der Kennzahl	Formel in Worten	Berechnung	Ergebnis
Intensität des Anlagevermögens	$\dfrac{\text{Anlagevermögen} \cdot 100\%}{\text{Gesamtvermögen}}$	$\dfrac{320 \cdot 100\%}{360}$	89%
Fremdfinanzierungsgrad	$\dfrac{\text{Fremdkapital} \cdot 100\%}{\text{Gesamtkapital}}$	$\dfrac{180 \cdot 100\%}{360}$	50%
Eigenfinanzierungsgrad	$\dfrac{\text{Eigenkapital} \cdot 100\%}{\text{Gesamtkapital}}$	$\dfrac{180 \cdot 100\%}{360}$	50%
Liquiditätsgrad 2	$\dfrac{(\text{Liquide Mittel} + \text{Forderungen}) \cdot 100\%}{\text{Kurzfristiges Fremdkapital}}$	$\dfrac{(6 + 18) \cdot 100\%}{20}$	120%
Anlagedeckungsgrad 2	$\dfrac{(\text{Eigenkapital} + \text{langfristiges Fremdkapital}) \cdot 100\%}{\text{Anlagevermögen}}$	$\dfrac{(180 + 160) \cdot 100\%}{320}$	106%
Eigenkapitalrendite	$\dfrac{\text{Gewinn} \cdot 100\%}{\text{Eigenkapital}}$	$\dfrac{18 \cdot 100\%}{180}$	10%
Gesamtkapitalrendite	$\dfrac{(\text{Gewinn} + \text{Zinsen}) \cdot 100\%}{\text{Gesamtkapital}}$	$\dfrac{(18 + 9) \cdot 100\%}{360}$	7,5%
Gewinnmarge	$\dfrac{\text{Gewinn} \cdot 100\%}{\text{Umsatz}}$	$\dfrac{18 \cdot 100\%}{600}$	3%
Bruttogewinnmarge	$\dfrac{\text{Bruttogewinn} \cdot 100\%}{\text{Umsatz}}$	$\dfrac{240 \cdot 100\%}{600}$	40%

Analyse des Jahresabschlusses

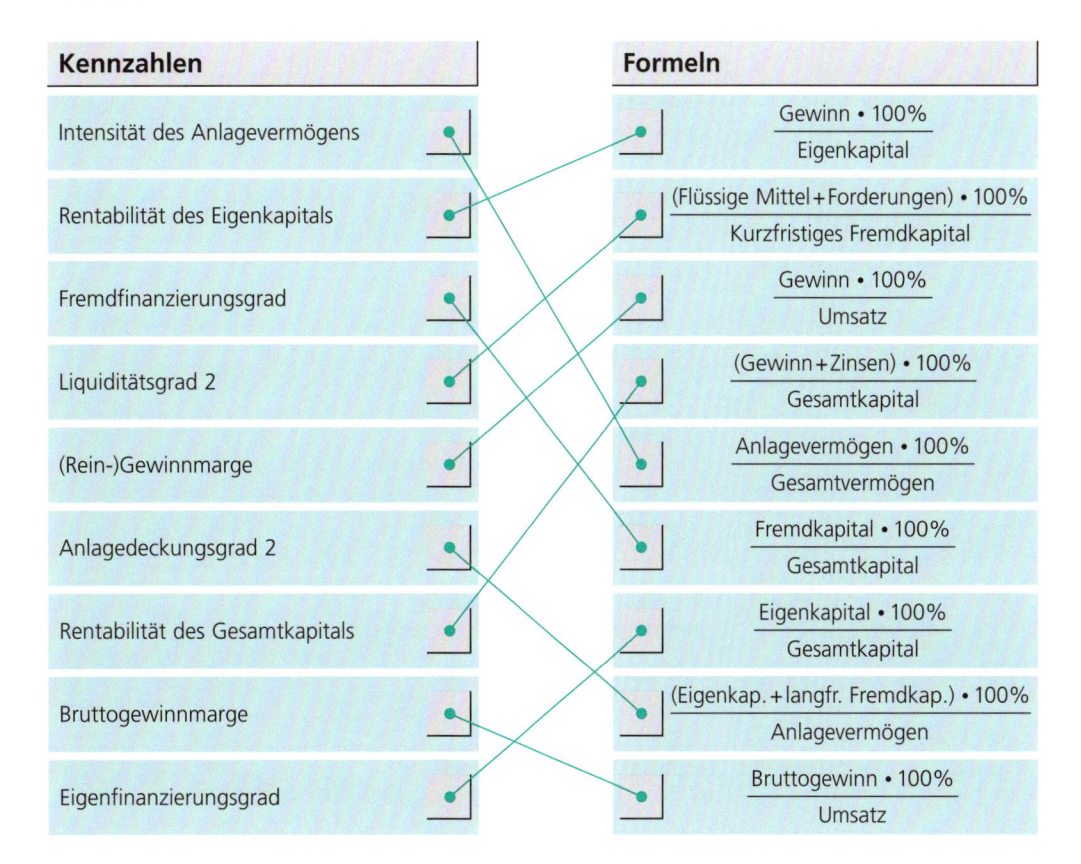

28.05

Kennzahlen	Formeln
Intensität des Anlagevermögens	$\dfrac{\text{Gewinn} \cdot 100\%}{\text{Eigenkapital}}$
Rentabilität des Eigenkapitals	$\dfrac{(\text{Flüssige Mittel}+\text{Forderungen}) \cdot 100\%}{\text{Kurzfristiges Fremdkapital}}$
Fremdfinanzierungsgrad	$\dfrac{\text{Gewinn} \cdot 100\%}{\text{Umsatz}}$
Liquiditätsgrad 2	$\dfrac{(\text{Gewinn}+\text{Zinsen}) \cdot 100\%}{\text{Gesamtkapital}}$
(Rein-)Gewinnmarge	$\dfrac{\text{Anlagevermögen} \cdot 100\%}{\text{Gesamtvermögen}}$
Anlagedeckungsgrad 2	$\dfrac{\text{Fremdkapital} \cdot 100\%}{\text{Gesamtkapital}}$
Rentabilität des Gesamtkapitals	$\dfrac{\text{Eigenkapital} \cdot 100\%}{\text{Gesamtkapital}}$
Bruttogewinnmarge	$\dfrac{(\text{Eigenkap.}+\text{langfr. Fremdkap.}) \cdot 100\%}{\text{Anlagevermögen}}$
Eigenfinanzierungsgrad	$\dfrac{\text{Bruttogewinn} \cdot 100\%}{\text{Umsatz}}$

Analyse des Jahresabschlusses

28.06

Aufgabe	Geschäftsfälle und Buchungssätze	Anlage-intensität	Fremdfinan-zierungsgrad	Liquiditäts-grad 2	Anlagedeckungs-grad 2	Eigenkapital-rendite
a)	Barkauf eines Fahrzeugs Fahrzeuge/Kasse	+	0	–	–	0
b)	Aufnahme einer Hypothek (Gutschrift auf dem Aktivkonto Bank) Bank/Hypothek	–	+	+	+	0
c)	Ein Lieferantenkredit wird in ein langfristiges Darlehen umgewandelt. Kreditoren/Darlehen	0	0	+	+	0
d)	Erhöhung des Aktienkapitals (Gutschrift der Einzahlungen auf dem Aktivkonto Bank) Bank/Aktienkapital	–	–	+	+	–
e)	Debitoren zahlen auf das Aktivkonto Bank. Bank/Debitoren	0	0	0	0	0

Analyse des Jahresabschlusses

28.07

Kennzahl	Berechnung	Kommentar
Anlageintensität	150 : 200 • 100% = 75%	Die Anlageintensität ist für einen Handelsbetrieb hoch. Die Folgen sind ein hoher Kapitaleinsatz und Fixkosten in Form von Zinsen und Abschreibungen.
Eigenfinanzierungsgrad	30 : 200 • 100% = 15%	Die Eigenkapitalbasis ist zu klein und die Verschuldung viel zu hoch.
Liquiditätsgrad 2	30 : 80 • 100% = 38%	Der Liquiditätsgrad 2 ist weit unter den geforderten 100%. Die kurzfristigen Bankkredite sind viel zu hoch.
Anlagedeckungsgrad 2	120 : 150 • 100% = 80%	Die goldene Bilanzregel, die einen Anlagedeckungsgrad von 100% verlangt, ist nicht eingehalten. Langfristige Anlagen sind mit kurzfristigen Bankkrediten finanziert.
Eigenkapitalrendite	1 : 30 • 100% = 3,3%	Trotz sehr kleiner Eigenkapitalbasis ist die Eigenkapitalrendite sehr bescheiden und trägt dem Unternehmerrisiko nicht Rechnung.
Gesamtkapitalrendite	12 : 200 • 100% = 6,0%	Die Gesamtkapitalrendite ist zu tief.

Analyse des Jahresabschlusses

28.08

a)

	Unternehmung A	Unternehmung B	Unternehmung C
Fremdfinanzierungsgrad	56%	83%	40%
Anlageintensität	38%	23%	40%
Liquiditätsgrad 2	116%	49%	175%
Anlagedeckungsgrad 2	179%	135%	200%

b) Die **Unternehmung A** verfügt über eine gesunde Finanzierung und Liquidität. (Die Zahlen stammen aus Volkart, Rudolf: Finanzielle Führung in der Rezession. Sie entsprechen dem Durchschnitt von 30 grossen schweizerischen Unternehmungen.)

Die **Bilanz B** zeigt das Bild einer rezessionsgeschwächten[1] Unternehmung: Die Liquidität ist zu tief und die Verschuldung (vor allem die kurzfristige) zu hoch, die hohen Debitorenbestände weisen auf einen schleppenden Zahlungseingang seitens der Kunden hin, und die grossen Lagerbestände signalisieren Absatzschwierigkeiten.

Die **Unternehmung C** ist eher überkapitalisiert: Die Unternehmung ist zwar gemäss Bilanz sehr sicher, aber die Eigenkapitalrentabilität dürfte infolge der zu grossen Liquidität und des hohen Eigenfinanzierungsgrades sehr bescheiden sein. Möglicherweise ist der Eigenfinanzierungsgrad zu Recht so hoch, weil die Unternehmung sehr risikoreiche Geschäfte pflegt. Auch die hohe Liquidität könnte absichtlich bereitgestellt worden sein, da die Unternehmung C eine andere Unternehmung aufkaufen will oder eine andere grössere Investition bevorsteht. Vielleicht ist das Eigenkapital infolge grosser zurückbehaltener Gewinne in der Vergangenheit so hoch (so genannte Selbstfinanzierung).

---

[1] Rezession = wirtschaftlicher Abschwung

Analyse des Jahresabschlusses

28.09

Kennzahl	Lufthansa	easyJet	Kurzkommentar
Fremdfinanzierungsgrad	14 000 : 20 000 • 100% = 70%	450 : 600 • 100% = 75%	Die Finanzierung ist in Ordnung. Der Eigenkapitalanteil dürfte aus dem Blickwinkel der Sicherheit noch etwas höher liegen.
Intensität des Anlagevermögens	15 000 : 20 000 • 100% = 75%	480 : 600 • 100% = 80%	Die Anlageintensität ist bei beiden hoch, was branchentypisch ist. Als Folge sind die Fixkosten hoch (z. B. Abschreibungen, Zinsen, Reparatur und Unterhalt).
Gesamtkapitalrendite	2 000 : 20 000 • 100% = 10%	60 : 600 • 100% = 10%	Die Gesamtkapitalrenditen liegen deutlich über dem Zinsfuss für das Fremdkapital und sind bei beiden als gut zu beurteilen.[1]
Erlös je angebotener Sitzkilometer	20 000 : 123 800 = 16,2 Rappen/Sitz-km	600 : 5 800 = 10,3 Rappen/Sitz-km	Die easyJet positioniert sich strategisch als Billiganbieter (tiefe Flugpreise als Konkurrenzvorteil). Die Lufthansa profiliert sich als globaler Anbieter mit hoher Servicequalität.
Betriebsaufwand je angebotener Sitzkilometer	18 000 : 123 800 = 14,5 Rappen/Sitz-km	540 : 5 800 = 9,3 Rappen/Sitz-km	easyJet verfolgt eine Strategie der Kostenführerschaft (tiefe Kosten als Konkurrenzvorteil).
Sitzladefaktor (Auslastung)	92 160 : 123 800 • 100% = 74,4%	4 810 : 5 800 • 100% = 82,9%	easyJet weist eine wesentlich höhere Kapazitätsauslastung auf (Strategie: lieber billigere Tickets, dafür volle Flugzeuge).

[1] Die Gesamtkapitalrendite ist zwar bei beiden Fluggesellschaften gleich hoch; sie wird aber mittels unterschiedlicher Strategien erarbeitet, wie die nachfolgenden Kennzahlen zeigen.

Analyse des Jahresabschlusses

28.10

Kennzahl	Wert für Bergbahn J	Wert für Bergbahn P	Kurzkommentar
Intensität des Anlagevermögens	28 000 : 31 000 · 100% = 90%	44 000 : 52 000 · 100% = 85%	Beide Bahnen sind sehr anlageintensiv, wie es für Transportunternehmungen üblich ist.
Fremdfinanzierungsgrad	26 000 : 31 000 · 100% = 84%	37 000 : 52 000 · 100% = 71%	Die Verschuldung ist bei J aus dem Blickwinkel der Sicherheit relativ hoch.
Liquiditätsgrad 2	2 800 : 1 000 · 100% = 280%	7 500 : 4 000 · 100% = 188%	Die Liquidität ist hoch.[1]
Anlagedeckungsgrad 2	30 000 : 28 000 · 100% = 107%	48 000 : 44 000 · 100% = 109%	Die goldene Bilanzregel ist eingehalten.
Rentabilität des Eigenkapitals	1 000 : 5 000 · 100% = 20%	1 000 : 15 000 · 100% = 6,7%	P ist ungenügend.[2]
Rentabilität des Gesamtkapitals	2 000 : 31 000 · 100% = 6,5%	2 500 : 52 000 · 100% = 4,8%	Beide Bahnen weisen tiefe Werte auf; P ist ungenügend.
Gewinnmarge	1 000 : 13 000 · 100% = 7,7%	1 000 : 22 000 · 100% = 4,5%	P ist deutlich schlechter.
Personalintensität	3 300 : 13 000 · 100% = 25%	8 300 : 22 000 · 100% = 38%	Die Personalintensität von P ist viel zu hoch.[3]
Dividendenausschüttung in Prozenten	450 : 3 000 · 100% = 15%	600 : 6 000 · 100% = 10%	J schüttet eine um 50% höhere Dividende aus.

Aufgrund der Analyse ist der Kauf von Aktien der Bergbahn J zu favorisieren.

28.50 Die Lösung zu dieser Aufgabe finden Sie unter der gleichen Aufgaben-Nummer (separate Mappe) auf EasyAccounting.

---

[1] Der Geschäftsabschluss ist Ende Mai, d.h. Ende Hauptsaison, sodass der Liquiditätsstand naturgemäss hoch ist.

[2] Hauptursache für die schlechte Eigenkapitalrendite von P ist die ungenügende Gewinnmarge, die wiederum eine Folge der zu hohen Personalintensität ist.

[3] Ohne weitere konkrete Kenntnisse der Bergbahn P kann nicht gesagt werden, welches die Gründe für diese hohe Personalintensität sind. Werden über dem Branchendurchschnitt liegende Löhne ausbezahlt? Sind die Sozialleistungen besser? Ist das Management schlecht?